초등교사를 위한
고민 상담소

초등교사를 위한
# 고민 상담소

———

베테랑 선배 교사가 알려주는
초등 학급 운영의 모든 것

임연화 지음

렌틸북

『초등교사를 위한 고민 상담소』는 교사들의 마음과 고민을 어루만져주는 치료제입니다. 이 책은 저자가 교사로 37년간 근무하며 쌓아온 노하우를 바탕으로 고민하는 교사들에게 나아갈 방향을 제시해줍니다.

저자는 자신의 강점인 부드러운 카리스마로 자유롭지만 그 안에 질서가 잡혀 있는 교실을 만든 비법을 전달합니다.

 경기도 주곡초등학교
교사 박승혜

어느 정도 경력이 쌓이면 학생 지도나 수업 방법, 학부모 상담 등에서 나만의 학급 운영 스타일이 생깁니다. 그리고 매해 다른 학생들을 만나고 또 동료 교사들과 꾸준히 교류하며 나만의 학급 운영 스타일은 조금씩 업그레이드되지요.

그런 면에서 이 책은 낮은 연차의 선생님들에게는 안내서 같고, 어느 정도 경력이 있는 선생님한테는 스타일을 레벨 업하는 아이템 같습니다. 교사라면 누구나 공감할 수 있는 3월의 생활지도에서부터 아이들과의 만남, 학부모를 대하는 방법, 독서지도와 급식지도, 다양한 과목의 수업 노하우까지 어느 학교 어느 교실에서나 있을 법한 상황에 대한 저자만의 비법들이 가득하니까요. 교사 연수를 듣는 것처럼 실질적이고 직접적인 도움이 됩니다. 특히 팁 박스는 가볍게 실천해 볼 수 있어 활용도가 높습니다.

이 책을 읽으면 경험 많은 선생님과 대화하는 듯 자연스럽게 나의 학급 운영 스타일을 레벨 업할 수 있을 것 같습니다.

 경기도 장승초등학교
교사 정현희

신규 교사에게 교실은 어떤 공간일까요? 교실은 독립된 공간이라는 특징이 있다 보니, 때때로 교사 홀로 고군분투하는 공간이기도 합니다. 이러한 특징을 알고 나니, 신규 교사의 능력이 성장할지 말지의 여부는 '많이 두드리고 많이 물어볼 용기가 있냐'에 달려 있는 듯합니다. 옆에서 용기를 북돋아주고 친절하게 노하우와 경험을 알려줄 수 있는 선배를 두는 것. 그것이 교직에 적응하는 제일 빠른 길이지요.

작년, 장장 5시간 만에 한라산 등정에 성공했던 적이 있습니다. 한겨울 새벽 6시부터 등산을 시작했더니 처음에는 앞이 캄캄하여 아무것도 보이지 않아 산이 어떻게 생겼는지도 모른 채 그저 헤드 랜턴으로 비춰주는 앞사람 발자취만 따라갔습니다. 그렇게 깜깜한 산속을 작은 불빛에 의지해 걷다 보니 어느새 날이 밝아졌고 마침내 백록담을 마주하는 제 모습을 보게 되었습니다.

독자들에게 저자의 책이 바로 헤드 랜턴과 같은 역할을 해줄 수 있을 것입니다. 교사로서의 길이 보이지 않거나 걱정이 앞선다면 자신만의 오랜 노하우로 초보 교사들의 앞길을 이끌어주는 저자의 발자취를 읽어보세요. 어느 순간 주변이 눈에 들어오고 여유가 생겨 학교에서 행복한 교직 생활을 하게 될 테니까요.

 **경기도 양지초등학교**
**교사 장민지**

이 책은 임연화 선생님이 37년간 현장에서 직접 겪은 사례를 바탕으로 번아웃(증후군)이 온 선생님들에게 아이들을 이끌어가는 데 효과적인 방법을 정리해 담았습니다. 아이들과의 긍정적인 관계 형성부터 교실 역할.관리까지, 각 장에서 실용적인 전략을 얻을 수 있습니다. 교사들이 직면하는 현실적인 문제들을 공감하고 실질적인 해결책을 제시해주어 교사들에게 큰 도움이 됩니다.

늘 미소와 카리스마로 행복한 교실을 만들었던 임연화 선생님은 동료 선생님들의 우상이었습니다. 존경하는 선생님의 노하우가 가득 담긴 책이 출간되어 기쁘고 감사합니다. 지난날 얼굴을 마주하고 얻었던 수많은 학급 운영 방법과 따뜻한 조언을 이 책을 통해 다시 한번 익히려고 합니다.

선생님들의 고민을 들어주고 해결해주는 책, 교실에서 아이들과 즐겁게 1년 농사를 잘 짓는 방법을 알려주는 책, 하루하루가 도전 같은 선생님과 늘 성장에 목마른 선생님들에게 꼭 필요한 책.

 **경기도 샛별초등학교
교사 나은별**

초등학교 교사의 첫해에는 맞서야 할 다양한 도전들이 있습니다. 지금까지 배웠던 이론을 실전에서 적용하는 과정에서 좌절과 실패를 겪고 점차 단단해지지요. 생각해보면, 그렇게 헤매고 있을 때 누군가 친절하게 길을 제시해주었다면 어땠을까 하는 아쉬움이 듭니다. 초임 선생님들이 첫 단계에서 마주할 수 있는 어려움을 깊이 이해하고 어려움을 극복할 방법을 알려주는 멘토가 있다면 저경력 교사도 자신만의 교육 스타일을 발전시킬 수 있기 때문입니다.

이 책이 바로 그러한 멘토와 같습니다. 학급 경영과 수업 방법, 교사의 마인드 리셋과 관련해 직접 현장에 있었던 선배 교사의 이야기가 담겨 있어 실질적으로 도움이 되는 비결을 얻을 수 있습니다. 책의 내용을 교실에서 적용하면 불안한 선생님들 마음에 위로가 될 것입니다.

교직 경험이 부족하거나 교사 생활이 무언가에 막힌 듯 어려움을 겪는 선생님들에게 이 책을 권합니다. 이 책으로 교실의 평화를 얻길 응원합니다.

 **경기도 진접초등학교
교사 이훈주**

6학년 담임교사 13년 차이지만 아직도 3월 2일 아이들을 처음 맞이하는 순간엔 설렘과 두려움이 공존합니다. 꼼꼼하지 못한 성격 때문인지 학기 중반이 되면 미처 챙기지 못한 아이들의 생활 습관 때문에 후회도 하고요. 저자의 이 책은 저처럼 후회와 부담감으로 고통스러워하는 선생님들에게 그 짐을 훌훌 털어낼 수 있는 기회를 선물합니다. 실질적으로 도움이 되는 팁으로 가득 차 있는 참고도서, 아니 필독서지요. 초임 선생님과 번아웃에 휩싸인 선생님들에게 든든한 길라잡이가 될 이 책을 추천합니다.

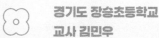

경기도 장승초등학교
교사 김민우

# 목차

# 2 교시

## 3월,
## 어떻게 보낼까요?

# 3 교시

## 자기 주도적인 아이로
## 거듭나는 생활지도법

# 목차

## 4 교시

### 조화로운 교실을 위한 교사의 역할

## 5 교시

### 아이들이 수업에 집중하는 교실

# 6 교시

## 교사도 아이들도
## 행복해지는 독서지도법

# 7 교시

## 감정 소모 없이
## 학부모, 학생 상담하는 꿀팁

# 에필로그

"합격을 진심으로 축하드립니다."

이 문구가 가져다주는 감격은 첫 발령이 나고 3월이 지나면 희미해집니다. 축하는 줄어들고 그 자리를 대신해 치고 들어오는 업무와 통제되지 않는 아이들이 눈앞에 선하니까요. 그렇게 외우던 교육 시책과 교사 역량도 현실에선 까마득합니다.

"잠시만 기다려줄래?"

"이따가 알려줘도 될까?"

"선생님, 자료는 3시까지 보내드려도 될까요?"

"속상하지? 방과후에 이야기 나누는 게 어때?"

밀려드는 일들을 정신없이 물어보며 기억하고, 제시간에 해야 하는 상황입니다. 매일 새로운 도전이 교사를 기다리고 있습니다.

1년을 학급 아이들과 생활하면서 교사는 무엇을 어떻게 해야 할지 고민이 많습니다. 이런저런 좋은 교육 방법들이 많아서 따라 해보려 해도 잘되지 않아 고민일 테죠? 오만가지 방법을 시도해도 결과가 제대로 보이지 않을 때, 지금 이 상황엔 무엇이 정답일지 잘 모를 때마다 멈칫하게 되는 경험을 저도 수없이 해왔습니다. 그렇게 37년간 시행착오를 거치니 이제야 무엇에 중점을 두고 학급을 운영해야 하는지 조금 가닥이 잡힙니다. 이것을 선생님들과 나누고자 이 책을 쓰게 되었습니다.

학급 운영 전반을 고민하다 보니, 하반기로 갈수록 교사의 에너지 소비는 최소한으로 줄이되 극적인 효과를 보는 방법을 만들어보자는 생각이 들었습니다. 교사가 힘에 부치면 학급 운영이 무너집니다. 그래서 에너지를 적게 사용하면서 교육 효과를 높이는 것이 학급 운영은 물론이고 교사의 자존감까지 올라가는 일석이조의 결과를 불러올 수 있으리라는 생각이었죠.

이 책은 제가 실제로 교실에서 아이들과 생활하며 교사도, 아이들도 즐거운 교육 방법을 찾고자 노력했던 내용을 7교시로 나누어 정리한 것입니다. 즐겁고 학구적인 수업 분위기 만들기, 학생과 교사가 가까워지는 생활지도 방식, 학생 간 학력 차이 극복법, 지루하지 않은 독서 방법, 교사로서의 삶을 돌보고 지친 마음을 다독이는 효과적인 자세, 무엇이든 물어보고 답하는 '선배님, 고민이 있어요' 페이지 등이 담겨 있습니다. 또한 농사로 치면 파종 시기가 중요하듯 교사에게 있어 3월은 1년 농사를 시작하는 가장 중요한 시기라서 이때 무엇을 놓치지 않아야 하는지도 다루었습니다. 너무 많은 방법은 부담만 되기에 실제 교실에서 적용하고 주변 동료 교사들에게 추천하여 결과가 검증된 방법들만 간추렸습니다.

3월이 중요한데, 이 책을 5월에 만났다면 어떡할지 고민인가요? 고민하지 않아도 됩니다. 9월이라도 3월이라고 생각하고 다시 시작하면 됩니다.

이 책에 나오는 학급 운영 방법들은 긴 시간을 들여야 하는 내용이 아닙니다. 선생님들이 늘 3월의 초심을 생각하고 한 달간 연습할 수 있도록 쉽고 간단히 썼습니다. 연습해보면 곧 익숙해질 테니 안심하고 시작해보세요.

육아휴직 중인 교사들에게 종종 전화가 옵니다.

"선생님, 복직하려니 무서워요. 이직해도 될까요?"
"선생님, 학부모가 무서워요. 복직하지 말고 이대로 우리 아이만 잘 키울까요?"

여기까지 어떻게 왔는데, 나의 문제가 아니라 타인이 주는 스트레스로 모든 걸 내려놓아야 하는 상황이 너무나 안타깝습니다. 현장의 우리가 주저앉으면 앞으로 교사가 되겠다고 공부하고 있는 교대 지망생들과 임용고시를 준비하는 후배들이 설 자리는 없어집니다. 우리나라 교육을 이대로 양보할 수도 없습니다.

다행히 가르침이라는 꿈을 안고 날마다 교실에서 꿈을 펼치는 선생님들이 아직 많습니다. 사람을 가르치고 성장시키는 일은 정말 보람되지만 매우 어려운 일이기도 합니다. 그만큼 가치 있는 일이기에 우리에게 맡겨진 아이들은 가장 귀한 걸 받으며 성장하고 있습니다. 1년 동안 밥도 같이 먹고 현장학습을 다니며 추억도 쌓고 수많은 감정을 함께 나눈 아이들은 영원한 제자가 되어, 연락하고 지내지 않아도 평생 선생님들의 힘이 되어줄 것입니다.

쉽지 않은 길을 선택하고 묵묵히 걸어온 선생님들은 제자들의 고향입니다. 아이들의 삶이 고단할 때 되돌아가 쉬고 싶은 곳이 선생님들이 있는 곳입니다. 그래서 모두가 괴로움에서 벗어나 살고 싶은, 함께하고 싶은, 그런 꿈꾸는 교실을 만들어가자고 감히 손 내밀어봅니다.

2년 동안, 신규 선생님들과 방과후 저의 교실에서 2주에 한 시간씩 스터디를 했습니다. 그다음부터는 학년 연구실에서 수

시로 의견 교환을 하며 저의 학급 운영 노하우를 나누면서 후배 선생님들이 성장하는 모습을 보았죠. 이에 자신감을 얻어 더 많은 선생님들에게도 알리고자 용기를 내어봅니다.

책을 쓰며 지난 시간을 되돌아보았습니다. 한 아이도 놓치지 않으려고 애쓰는 선생님들을 보면서 안타까운 마음이 들었습니다. 그래서 후배 교사들에게 조금이나마 도움이 될 수 있다면 하는 바람을 항상 간직하고 있었죠.

이제『초등교사를 위한 고민 상담소』를 통해 선생님들을 더 가까이 만나고자 합니다. 교육을 포기하고 싶은 교사는 없습니다. 그러나 이런 마음을 알아주는 사람은 많지 않습니다. 저는 이 마음을 충분히 알고 있기에 후배 교사들에게 위로가 되어주고 싶습니다.

교실에서부터 다시 시작해봅시다. 아이들과 함께 성장해나가는 교사가 되어 교단을 끝까지 지켜내는 우리가 되어봅시다.

# 1 교시

# 교사의
# 마음가짐

❁ ❀ ❁

# 자존감을
# 잃지
# 마세요

요즘은 많은 직종에서 '선생님'이라는 호칭을 쓰
죠? 오히려 아이들은 학교 선생님을 '샘(쌤)'이라
고 부르고요. 아무튼 우린 그렇게 선생님이 되
었습니다. 방패막이 없이 비난받기에 익숙해야
하고 무조건적인 사랑을 퍼줘야 하는 선생님 말
입니다. 그러면 우린 누가 지켜줄까요?

1교시: 교사의 마음가짐

'살려주세요'라고 외칠 때마다 누군가 구해주면 정말 좋겠지만, 그건 불가능합니다. 그래서 우린 스스로 지켜야 합니다. 사랑받기에 익숙했던 우리가 발령장을 받고 3월 2일 학교에 도착하면 교실은 난공불락難攻不落의 요새!

사랑을 주는 데 익숙한 사람으로 하루 만에 변신해야 하는 건 물론이고 업무가 무엇인지 모르지만 바로 계획서를 내야 하고 예산도 빨리 써야 합니다. 교육과정이 뭔지도 모르지만 1년 계획을 세워 결재를 받아야 하고요. 그 와중에 매일매일 선생님을 부르며 다양한 문제를 일으키는 아이들을 관리해야 하는 건 기본입니다.

선생님으로서의 첫날, 어떠셨나요? 마냥 기쁘지만은 않으셨을 거예요. 어떤 마음으로 3월의 첫 발령을 기다려야 하는지 누가 말해준 적도 없었으니 더욱 혼란스러웠을 겁니다. 미안합니다. 선배가 되어 가르쳐주지 않아서 정말로 부끄럽습니다. 너무 늦었지만 이제야 어떤 마음가짐이 필요한지 적어봅니다.

우린 한 사람의 인생에서 1년을 함께합니다. 짧다면 짧지만 또 그리 짧기만 한 시간이 아니지요. 충분한 사랑과 관심을 받지 못하던 아이도 1년간 선생님을 만나 충분한 사랑과 관심을 받으면 자신이 몰랐던 따스함을 이해하고 가슴에 품을 수 있습니다. 마음에 깊고 검은 웅덩이가 있는 아이도 선생님의 사랑과 보살핌으로 그 웅덩이를 메꿀 수 있습니다.

돈으로 산 값비싼 물건들은 세월이 지나면 해지고 쓸모없어질 수도 있습니다. 그러나 1년간 아이들이 학교에서, 선생님에게서 받는 사랑은 오랜 시간이 지나도 결코 바래지 않습니다. 지식보다 더 귀한 세상의 이야기들을 들려주고 보여주는 존재가 바로 교사입니다.

아이들이 주는 사랑 또한 너무나 뭉클합니다. 마음을 꾹꾹 눌러 담아 건네는 편지와 과자 하나로 선생님들은 행복해지지요. 1년 동안 같이 밥을 먹고 깨어 있는 시간 중 대부분을 함께 보내며 그렇게 선생님과 아이들은 식구가 되어갑니다.

진심을 몰라주는 학부모님의 원망으로 힘든 선생님들이 요즘 많다고 하지요. 그런 원망과 비난은 '나'라는 한 인간에게 날아온 게 아니라 일어났던 어떠한 일에 대한 것입니다. 절대 선생님 자신을 내려놓지 마세요. 교사라는 자리에는 나 자신을 그대로 두는 게 아닙니다. 스승으로서의 나를 기억하고 동료들과도 서로 격려하며 그렇게 교단에 서야 합니다.

그래서 교사가 가져야 할 첫 번째 마음가짐은 자존감입니다. 자존감은 자기 자신을 소중히 대하며 품위를 지키려는 감정이지요. 따라서 남의 말과 행동에 좌우되지 않습니다. 스스로 붙잡고 세워 지키세요.

교사가 자존감이 없으면 아이들이 가장 먼저 알아챕니다. 무섭게 윽박지르지 않아도 아이들을 휘어잡는 카리스마는 바로 이런 자존감에서 나옵니다. 스승으로서 1년간 아이들에게 사랑을 주어 아이들도 사랑을 품도록 이끄는 사람, 그것이 담임 교사 자신임을 기억한다면 자존감을 잃지 않을 수 있습니다.

　내일은 또 교실에서 어떤 일이 일어날지 걱정하기보다 오늘도 아이들 앞에 당당하게 서겠다고 다짐하세요. "난 이 아이들의 선생님이다." 어깨에 힘을 주고 외쳐보세요. 타인의 천 마디 응원보다 더 스스로에게 힘이 되는 말입니다.
　출근 전, 거울 앞에 반듯하게 서서 자신에게 에너지를 주세요. 교실에 들어가 단단해진 자존감을 느끼며 말없이 30초간 아이들을 바라보고 수업을 시작합니다. 교사의 자존감이 회복될수록 하루의 무게는 가벼워집니다.

**Q** 학교를 그만두고 싶은 마음이 불쑥불쑥 드는데
이럴 땐 어떻게 하나요?

전 그만두고 싶을 때 그냥 은행 잔고를 확인해요. 그 돈으로 할 수 있는 새로운 일을 생각하고 얼마가 더 필요할지 계산도 해보죠. 만약 꿈에 그리던 집을 사기 위해 7년 정도 필요하다는 계산이 서면 더 구체적으로 매달 얼마를 모을지도 계획합니다.

이렇게 내 미래와 꿈에 집중한 계획을 세우면서 현재의 고달프고 어그러진 마음을 바둑돌 옮기듯 삶에서 치워두지요. 선생님들도 그런 연습이 필요합니다. 평생 교직에 있어야 한다는 생각은 선생님들을 지치게 만들 수 있어요. 괜히 그런 생각에 갇히기보단 거기에서 벗어나 내 삶의 다른 부분들을 돌보세요.

막힌 속이 좀 뚫리면 내 꿈을 이루기 위해 내가 무엇을 할지 상상하는 시간을 즐기면 됩니다.

실제로 꿈을 이루고 난 뒤에도 여전히 교직에 있을 건지 아니면 새로운 일에 도전할지는 그때 결정해도 늦지 않습니다.

훈육을
피하지
마세요

교육教育:

지식과 기술 따위를 가르치며 인격을 길러줌.

훈육訓育:

품성이나 도덕 따위를 가르쳐 기름.

교육과 훈육의 뜻을 살펴보면 교육의 개념 안에 훈육이 포함되는 걸 알 수 있습니다. 교육은 지식만 전달하는 게 아니라 인격 또한 길러주는 것이며 이때 인격을 길러주기 위해서 품성이나 도덕을 가르치는 것이 훈육입니다.

하지만 우리 교육 현실에 빙하기가 오면서, 훈육이 사라진 교육만 남았습니다. 지식만 전달해야 하는 초등교육의 현실에 교사인 우리는 무엇을 해야 할까요? 그저 내일이 천천히 오길 기다리며 훈육은 잊어버려야 할까요?

선생님은 우리 때리면 안 되니까 맘대로 하라며 물리적으로 교사한테 위해 가하기
친구 괴롭히지 말고 서로 잘 지내라고 타이르면 물건 던지기
고학년이 되었다고 무리 지어 다니며 선생님 무시하기
급식 시간에 소리 지르며 간식 더 달라고 떼쓰기
지각한 이유를 물어보면 왜 물어보냐고 대들기
공부하기 싫다고 소리 지르며 복도로 나가기
친구들 앞에서 교사를 이겨보겠다고 욕하기
수업 시간에 대놓고 핸드폰 보기
…….

일일이 열거할 수 없습니다. 누가 봐도 사랑으로 덮기에는

어려운 아이들의 행동입니다. 성실히 학교생활을 하는 아이들 한테도 피해가 가고 심지어 교사를 위협하는 일들도 있어요. 학급에서 한 명이라도 문제 행동을 일삼는 아이가 있으면 수업 시간마다 전쟁이 벌어진단 걸 교사들은 너무나 잘 알고 있습니다. 그럼에도 초등학교 교사는 아이의 잘못을 사랑으로 감싸주라는 요구만 받습니다.

퇴임 후 모 학교에서 3개월간 짧게 담임을 맡은 적이 있습니다. 그때 저는 6학년 아이로부터 폭행을 당했습니다. 준비물이 어디 있는지 물어봤을 뿐이었는데 말이죠. 교실 안의 모든 아이들이 보는 앞에서 순식간에 폭행을 당했지만 그 상황에도 아이를 말리다 잘못 밀쳐서 오히려 책임을 물게 될까 봐 고스란히 맞고 있을 수밖에 없었습니다. 이 일을 겪으면서 교사를 보호해야 우리나라 교육을 지킬 수 있다는 걸 다시 실감했습니다.

하지만 학부모들은 그래도 선생이라면 문제 행동을 하는 아이를 사랑으로 감싸야 한다고 말합니다. 아니, 아이가 과격하게 행동하기 전에 먼저 잘 지도했어야 한다고 합니다. 훈육이 더 이상 통하지 않는 상황에서도 다정하게 타일러야 한다고 합니다. 그래서인지 주변을 보면 학부모와 소송까지 이어지는 사례도 많습니다.

우리 교사들은 매일 속으로 끙끙 앓으며 살얼음판을 걷고 있습니다. 학교에서 일어나는 모든 일은 고스란히 교사 개인의 몫입니다. 하지만 언제까지 교사가 사랑 하나만으로 교직을 버텨내야 하는 걸까요? 하교 후에 남겨서 지도하면 왜 남기냐고 하고, 그래서 점심시간에 이야기하면 왜 우리 애 밥도 편히 못 먹게 하냐고 항의가 들어옵니다. 퇴근 후 쏟아지는 문자와 전화에도 사랑으로 버텨내는 게 정말 옳은 건지, 교사들은 오늘도 혼란스러워하고 있습니다.

이제는 훈육을 바로 세워야 합니다. 교권보호위원회를 통해, 수업을 방해하고 다른 아이들에게 위해를 가하며 위험한 도구로 친구를 협박하는 아이들은 적절한 조치를 받도록 해야 합니다.

### 적절한 훈육을 위한 준비

1. 문제 행동이 있을 때마다 진행한 상담 내용과 해당 상황은 상세히 기록해둔다.
2. 학부모와의 통화 내용 및 날짜와 시간을 기록해둔다.
3. '누가기록'에 학생 생활 기록을 자세히 남긴다. 왜냐하면 다음 학년도에 사안이 발생했을 때 이전 학년도에도 유사한 일이 있었는지 참고할 수 있다. 또 일부 학부모들은 작년엔 그렇지 않았는데 올해만 교사의 자질 부족으로 사안이 발생했다고 역으로 민원을 제기하기도 하는데 그때 증

거가 된다.

4. 해당 학생과 다른 아이들을 대할 때는 늘 같은 자세로 대한다. 끝까지 교사로서 기본 자질을 지킨다.

5. 교사가 심리적으로 감당하기 어려우면 지속적인 상담을 받고 병원 기록을 남긴다. 그래야 사안이 발생했을 때 일시적인 일이 아니라 지속적이었음을 해명할 수 있다.

당연히 수업에 열심히 참여하고 친구들과 잘 지내는 아이들이 훨씬 더 많습니다. 졸업하고도 계속 찾아오며 사제지간 정을 나누는 아이들도 많고요. 하지만 요즘은 그냥 말을 안 듣는 수준을 넘어 가해 수준의 행동을 하는 아이들도 있기에 훈육을 멈추지 말아야 합니다.

1학기, 2학기 첫날에 학교 또는 학급 기준에서 제시하는 생활 규칙을 한 시간 정도 할애하여 철저하게 교육해야 합니다. 더 좋은 건, 학기 첫날 전체 학년을 대상으로 생활 규칙을 교육하고 그다음 학급 내에서 다시 교육하는 시간을 가지는 것입니다. 물론 매번 교육해도 아이들은 한 귀로 듣고 한 귀로 흘리는 경우가 많지요. 이럴 땐 너무 많은 걸 말하면 더 전달이 안 되므로 같은 학년 선생님들끼리 논의하여 가장 중요한 생활 규칙을 선별해 그것을 중점적으로 알려줍니다.

교사의 일방적인 지시보다는 생활 규칙을 설명하는 방식이

어야 합니다. 또한 지난 학년에서 어려웠던 점이 있었는지 토의하고 재발 방지를 위해 어떻게 생활하면 되는지 아이들과 이야기하는 시간을 가집니다. 아이들에게 생각하는 시간을 갖고 스스로 반성 또는 개선할 기회를 주자는 의미입니다.

훈육의 기준을 명확히 하는 게 가장 중요합니다. 그래야 문제가 발생했을 때 해명의 여지가 없기 때문입니다. 잘못했으면 무엇을 잘못했는지 알리고 그에 마땅한 조치를 해줘야 아이들은 자신이 무엇을 잘못했는지 깨닫고 향후 더 큰 잘못을 하지 않습니다.

한 명을 위해 같은 학급 아이들이 참아야 하는 교실은 더 이상 있어선 안 됩니다. 또한 아이가 자신의 잘못을 인정하고 사과하며 행동을 수정해나가는 것이 교육이 목표로 하는 진정한 의미의 성장입니다.

사랑으로 무조건 덮는 건 교사의 일이 아닙니다. 인격과 품성을 길러주며 잘못된 길은 따끔하게 아니라고 알려주는 신호등, 교사는 그런 존재가 되어야 합니다. 그래서 교권보호위원회를 여는 것은 교사 보호뿐 아니라 아이에게도 잘못 가고 있다는 것을 알려줄 수 있는 기회입니다. 교권이 바로 서야 교육이 바로 선다는 건 이런 의미입니다.

1교시: 교사의 마음가짐

훈육이 빠진 교육은 교육이 아닙니다. 그러므로 가정에서 먼저 본보기가 되어야 하고 그다음 학교에서 교사가 정당한 훈육을 할 수 있도록 사회 분위기를 만들어나가야 합니다. 이제 아이들을 훈육할 방법에 대해 지혜를 모으고 자세를 가다듬을 때입니다.

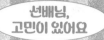
**Q** 훈육하다 보면 화가 나서 감정 조절이 잘 안 되는데
어떻게 할까요?

감정에도 엘리베이터가 있습니다. 훈육을 하다 보면 대개 감정
이 엘리베이터처럼 올라가기 마련이니 늘 인지하고 있길 바랍
니다.

감정 조절이 어려울 땐 감정 엘리베이터에서 학생 감정과 교
사 감정을 다 내리게 해야 합니다. 훈육을 포기하겠다는 게 아
니라 각 감정들이 원하는 층에 내리도록 차분히 감정을 정리하
겠다는 것입니다. 그렇게 감정 엘리베이터가 1층으로 내려올 수
있게 시간을 충분히 가져야 합니다.

"10분간 생각할 시간을 갖자."

대화를 멈추고 시간을 가질 땐 청유형이 아니라 단호하게 대
화를 이끕니다. 교사가 결정권을 가지고 대화를 이어나가기 위
함입니다.

선배 교사와
의견이 달라도
말해보세요

경력과 상관없이, 일을 하다 보면 기존의 방식과 다른 더 좋은 방안이 생각날 때가 있습니다. 그러나 신입은 사회생활인데 예의 없어 보일까 봐 새로운 아이디어를 말하기 어려워합니다. 하지만 그냥 넘어가자니 분명 더 좋은 방안이 있기에 고민에 빠지게 되죠.

이럴 때 어떻게 할까요? 사실 어떤 의견을 낼 때 예의가 없다는 건 대부분 말투의 문제입니다. 혹은 주변 상황과 상관없이 자기 생각을 관철하려는 태도의 문제이지요. 자신의 의견을 얘기할 때는 말투, 태도 그리고 말하는 순서에도 각별히 신경을 써야 합니다.

## 후배 교사의 태도 및 말하는 순서

1. 선배 교사의 말을 끝까지 듣는다.
2. 핵심이 무엇인지 파악한다.
3. 충분히 듣고 난 다음 "이런 방법은 어떨까요?"라고 의견을 낸다.
4. 어떤 모임이든 항상 나중에 말하는 사람의 의견이 잘 받아들여지는 경향이 있다. 사람은 자기 생각을 충분히 말하기를 좋아한다. 그런데 누군가 자신의 의견을 중간에 끊으면 불쾌해질 수밖에 없다. 같은 이유로, 내 생각을 잘 들어주면 그 사람에 대해서 일단 긍정적인 인상을 받는다. 따라서 선배 교사 말을 먼저 잘 경청하는 자세를 보여주어 신뢰를 얻는다.
5. 후배 교사가 낸 의견으로 좋은 결과가 나오면 저경력 교사라도 서서히 능력을 인정받는다. 나중엔 먼저 듣고 기다려주지 않아도 선배 교사에게 적극적으로 의견을 낼 수

있게 된다.

6. 동료인데 꼭 선배의 말을 먼저 듣고 기다려야 한다는 게 다소 기분이 상할 수 있다. 그러나 어떤 조직이든 내 의견을 피력하고 싶다면 먼저 듣고 이해해주는 태도가 필수다.

7. 후배 교사라도 의견이 있으면 반드시 말하고 적극적으로 참여해야 한다. 그래야 성장하기 때문이다.

8. 이렇게 했는데도 의견이 받아들여지지 않을 수 있다. 하지만 최소한 다른 의견도 있다는 것을 피력했으므로 다음 논의에선 선배 교사가 먼저 의견을 물을 수 있다. 그리고 언젠가는 의견이 반영되는 순간이 온다. 답습만이 정답이 아니라는 것을 선배 교사들도 알고 있다.

생각을 말하는 것은 창조의 시작이고 생각을 말하지 않는 것은 나를 퇴행시키는 길입니다. 교사의 자질을 함양하고 성장하는 것은 작은 일이 아닙니다. 우리나라 교육의 근간을 바로 세우는 큰일이지요.

교육을 위해 목소리를 내고 아이들을 위해 열정과 힘을 보태면 더 큰 탑을 쌓을 수 있습니다. 이제 "선배님, 이렇게 하는 건 어떨까요?"라고 말해보세요. 후배 교사들의 반짝이는 아이디어가 교실 분위기를 바꾸고 아이들을 살리는 촉매제가 될 수 있습니다.

**선배님, 고민이 있어요**

**Q** 직진만 고집하는 선배에게 어떻게 내 의견을 전달할까요?

대화 수단을 바꾸어보세요. 학년 방 또는 부서별 메시지 방에서 조심스럽게 말해보는 건 어떨까요?

"아까는 생각이 안 났는데 지금 생각해보니 이런 방법도 있는데 어떨까요?"라고 부드럽게 표현합니다. 자기 고집이 있는 선배 교사에겐 내 의견을 관철하는 것보다는 일단 의견을 말해보는 연습부터 하는 게 좋습니다.

동료 교사와
함께하고
공유하세요

연구실은 교사들만 아는 간식 창고이자, 같은 학년 교사끼리 숨통을 틔우는 휴식처이자, "쌤, 있잖아요……" 하고 속을 푸는 수다방이자, 학교에서 학생이 없는 유일한 공간입니다. 때론 은은한 커피 향으로 정신없던 하루를 날려주는 카페가 되기도 하지요.

그런데 연구실이란 이름만 보면 무언가 엄청난 연구를 해내야 할 것 같습니다. 전 아예 이름도 편하게 지어주면 좋지 않을까 고민도 했었죠. 잠시 생각했던 건 '교사 안전지대'입니다.

물론 이건 제 생각일 뿐이고, 아무튼 연구실이니 이름값을 하긴 해야겠지요. 제대로 연구 시작!

## 연구실 활용 방법

1. 같은 학년 선후배 교사들이 모여 과목마다 한 단원이 시작되기 전, 해당 단원을 아이들에게 어떻게 가르쳐야 좋을지 방법을 의논한다.
2. 연구실 책장에 과목별로 칸을 만든 후, 진도를 먼저 나간 교사가 같은 학년 교사에게 노하우를 전달하는 메모 박스를 설치한다.
3. 실습 활동을 먼저 한 교사가 다른 반 교사에게 주는 유용한 사용 설명서를 냉장고에 그때그때 붙인다.
4. 그 주에 필요한 체육 시간 준비물을 연구실 한쪽에 비치하여 공유한다.
5. 학습 준비물은 종류별로 나누어 정리하되 월별 진도에 맞는 목록을 만들어 공유한다.

넘치는 업무가 기다리고 있는데 연구실에서조차 할 일이 많다면 안 되겠죠. 제가 열거한 일들만 교사끼리 공유해도 연구실은 이름값을 충분히 할 수 있습니다.

같은 학년 교사들이 아이들 생활지도 방법을 나누고 각 과목, 매 단원을 어떻게 가르쳐야 더 효과적일지 비법을 공유하면 선배 교사의 노하우는 사장되지 않고 후배 교사는 성장할 기회를 얻게 됩니다. 특히 각 학교가 위치한 지역에 따라 아이들의 특성이 조금씩 다르기 때문에 내가 현재 몸담고 있는 학교의 동료 교사와 교육 방법을 공유하는 건 아주 효과적인 연구 방식입니다.

사소해 보일지 몰라도 교사끼리 함께 연구하는 시간이 많아지면, 1년 후 연구에 참여한 교사들은 해당 학년의 전문가가 되어 있을 것입니다.

저 역시 30대 중반 때, 같은 학년 부장 선생님에게 도움을 참 많이 받았어요. 그때 부장 선생님이 "임 선생, 미안하고 고마우면 나한테 잘하지 말고 앞으로 후배들에게 잘해!"라고 하셨는데, 그 말씀은 제 오랜 교직 생활에 나침반이 되었답니다.

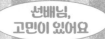
**Q** 같은 학년 모임이 너무 많아서 개인적인 업무를
할 시간이 없는데, 그래도 꼭 참여해야 할까요?

같은 학년의 회의가 잦아 개인적인 업무 시간이 부족해서 퇴근
하지 못하고 남아서 일을 해야 한다면, 그건 문제죠. 동료 교사
에게 용기 내어 말해보세요. 내 업무에 필요한 시간을 계산하고
학년 회의 시간이 너무 길어질 것 같다면 사정을 말하는 겁니
다.

　물론 사회생활이므로 감정을 조절해야겠죠. 다만 업무의 경
중을 따져 시급한 일이 있다면 살짝 말하고 회의에서 먼저 나가
기도 해야 합니다.

독서를 통해
매일
성장하세요

개편된 교과서를 받게 되면 무엇을 어떻게 가르칠까 하는 고민이 시작됩니다. 그런데 이 고민만 하면 좋을 텐데 여기에 늘 같이 쏟아지는 행정적인 사무, 학부모 상담, 생활지도 등 각종 업무도 해야 합니다. 하루가 정신없이 지나가기 일쑤죠. 그래서 퇴근하면 뭘 하고 싶지도 않고 그저 멍하니 있고만 싶습니다. 그러다 자연스레 잠들고 아침이 되면 일어나 다시 출근을 반복하지요. 우리 선생님들 모두 이와 비슷한 하루를 보내고 있겠죠?

그러나 교사의 하루는 늘 변화해야 합니다. 세상은 빠르게 바뀌고 교사가 지나온 세상과 전혀 다른 세상에서 우리 아이들이 살아갈 테니까요.

변화하는 세상에 대처하기 위해 교사는 뭘 해야 할까요? 저는 바로 독서라고 생각합니다. 이 시대 아이들에게 무엇을 보여주고 무엇에 초점을 맞추어 교육과정을 준비할지 책을 통해 찾아나가야 합니다. 또한, 책을 보면서 내가 지금 미래 세대에게 지나간 세대의 지식만을 전달하는 건 아닌지 고민해볼 필요가 있습니다.

동료 교사와 교육 방법을 공유하는 연구실에서도 독서를 해보세요. 동료 간 발전적인 관계를 쌓는 데 독서가 톡톡히 몫을 할 것입니다. 책을 많이 읽으라고 권하는 건 아닙니다. 적게 읽더라도 꾸준히 읽는 게 중요하며, 독서를 통해 사고를 확장하는 경험을 하는 것이 독서의 목적이어야 합니다.

### 독서가 가져다주는 효과

1. 교사의 내면이 다져진다.
2. 미래 양상 또는 현 사회현상을 다각적으로 바라볼 수 있다.
3. 아직 먼 이야기일지 몰라도 퇴직 후 무엇을 할 것인가 방향을 잡을 때 도움이 된다.
4. 교사도 꾸준히 책을 읽는 모습을 보여주면 아이들도 독서

에 흥미를 갖게 된다.

5. 책을 통해 습득한 새로운 지식을 수업과 연계하여 아이들의 호기심을 자극할 수 있다.

퇴근 후 독서를 하면 학교에서 있었던 일과 조금 거리를 두고 자신을 객관적으로 바라보게 됩니다. 그러면 현재에 안주하지 않고 먼 미래를 바라보는 안목이 생기죠. 때론 교사가 아닌 한 인간으로서의 내 삶을 조망하고 교직을 떠났을 때의 삶을 계획하는 기회를 얻기도 합니다.

이처럼 독서는 교사 개인에게도 좋은 습관이지만, 교실의 아이들에게도 좋은 영향을 줍니다. 수업을 여는 첫 관문은 흥미입니다. 40분간의 수업이 끝까지 잘 이루어질지 아닐지의 여부는 수업 시작부터 흥미를 잘 끌었느냐에 달려 있습니다. 하지만 재미있는 것과 흥미로운 건 같은 개념이 아닙니다. 우리 아이들은 지식과 관련 없는 이야기에만 흥미를 갖지 않습니다. 때로는 교과서 내용과 연결되면서 그보다 더 차원 높은 지적 호기심을 자극하는 이야기에도 흠뻑 빠져들죠. 그러한 이야기 소재를 얻기 위해서 교사는 다양한 분야의 책을 꾸준히 읽어야 합니다. 이렇게 수업을 위해 책을 읽고 그 내용을 아이들에게 알려주면 아이들은 수업에 큰 흥미를 느끼고 학습에 동기부여를 받습니다.

교사는 아이들이 기본적으로 교과서 내용을 잘 이해하고, 학습활동을 하면서 해당 학년에서 배워야 하는 내용을 잘 습득하고, 다음 학년에서 부진한 부분 없이 공부를 잘하도록 가르쳐야 합니다. 그러나 그것만으로는 아이들의 무한한 지적 호기심과 성장 가능성을 채워줄 순 없습니다. 매일 많은 시간을 교실에서 함께 보내는 선생님이 아이들의 지적 호기심과 성장의 기회를 충족해주어야 하죠.

너무 어렵게 생각하지 마세요. 하루 10분, 학급 아이들이 독서하는 시간에 교사도 같이 책을 읽으면 됩니다. 그때 읽은 내용을 일주일에 2가지 정도 추려 수업 시간에 알려주세요. 과학 이야기, 역사 이야기, 다른 나라 이야기 모두 좋습니다. 초등학생도 철학적인 이야기를 잘 이해하고 깊이 사색할 수 있답니다.

예를 들어볼까요? 공자와 관련된 책에서 "위대함은 조금씩 쌓여 더디게 이루어진다"는 구절을 읽었다면 공자의 메시지를 이렇게 인용해봅니다.

선생님이 오늘 아침에 "위대함은 조금씩 쌓여 더디게 이루어진다"는 문장을 읽었어. 중국의 공자라는 학자가 한 말이래. 선생님은 이 문장을 보고 나서 너희가 학교에 와서 공부하고 밥 먹고 하루를 잘 마치는 일도 위대함이라고 생각하게 되었어. 그런데 이런 위대함을 너희와 선생님이 함께했네? 그런 의미에서 오늘 점심시간에는 좀 더 위대한 뭔가를 해볼까?

이렇게 자칫 지루하거나 어렵게 들릴 말들도 아이들의 일상이나 수업에 연계해 말해주면 아이들이 고개를 끄덕이며 자기만의 생각을 하는 걸 볼 수 있습니다.

교사가 독서한 내용을 아이들과 공유하면 아이들과 소통하는 일이 됩니다. 또한 교사의 10분 독서는 아이들이 과거와 현재를 잇고 자신의 미래를 열어가는 중요한 촉매제가 되지요. 한 장 한 장 선생님이 책을 넘기는 순간 진정한 교육이 쌓여간다는 걸 기억하세요.

**Q** 너무 피곤해서 책을 읽을 수가 없는데 그래도 읽어야 할까요?

독서는 양보다 꾸준함이 더 중요합니다. 일주일 정도 계획을 짜 보세요. 매일 10분씩 책을 읽는다 생각하고 얼마큼씩 읽을지 분량을 가늠해두는 것입니다.

만약 책을 전혀 읽지 못한 날이 있었대도 괜찮습니다. 바로 그다음 날 이어 읽으면 됩니다.

약속이 너무 많은 시기엔 책을 2~3페이지씩 사진을 찍어서 외출합니다. 약속 장소로 이동 중일 때나 일행을 기다릴 때 짬짬이 읽으면 됩니다. 장소가 바뀌면 읽는 맛도 달라진다고 하죠. 오히려 더 즐거운 독서가 될 수 있습니다.

독서가 스스로를 괴롭히는 시간이 되면 안 됩니다. 그저 내면을 한 장씩 채워간다고 생각해보세요. 이것이 독서의 시작입니다.

오늘의
삶부터
잘 돌보세요

교사는 아이들을 가르치는 일도 중요하지만, 그
보다 먼저 자신을 돌봐야 합니다. 내가 무너지
지 않아야 우리 가정도 지키고 우리 반도 잘 돌
볼 수 있습니다. 올해 아이들에게 가르쳐야 할
걸 다 가르치지 못했다 느껴도 괜찮습니다. 내
년에 또 다른 담임교사가 잘 가르쳐줄 거예요.
완벽하게 하려다 보면 쉽게 지쳐버립니다. 숨통
을 틔울 기회를 스스로에게 주세요.

## 교사가 오늘을 살아가는 방법

### 1. 퇴임 후 오롯이 혼자 쓸 수 있는 돈을 지금부터 저축해두기

결혼하고 자녀를 키우다 보면 여유가 없어지지만, 그래도 매달 아주 적은 금액이라도 모아본다. 수십 년이 지나 퇴임하고 나서 3년간 쓸 여유 자금이 생긴다. 그 돈으로 퇴임 후 하고 싶었던 일을 마음껏 한다. 이 돈은 퇴임 이후 흔들림 없이 새로운 삶을 살기 위한 적응 기회비용이다. 지금부터 눈을 질끈 감고 모으면 1년 뒤 통장 잔고를 보고 깜짝 놀라게 된다.

### 2. 막연하게 하고 싶은 일이 있다면 현직에 있을 때 꼭 해보기

우리 삶에는 단거리 경주와 마라톤이 동시에 존재한다. 이 사실을 잊고 마냥 달리다 보면 현재에 매몰될 수 있다. 삶을 탄력적으로 살아가려면 단기와 장기 계획을 모두 염두에 두어야 한다.

현직에 있을 때부터 노후에 무엇을 하며 살지 취미 삼아 경험해보는 걸 추천한다. 취미 생활로 재미와 보람을 느끼기도 하지만 취미는 또한 훗날 제2의 내 직업이 될 수도 있다. 마음 맞는 동료 교사와 같이 해보는 것도 아주 좋다. 결이 비슷한 사람끼리 하다 보면 서로를 응원하며 더 잘 해낼 수 있다.

### 3. 체력이 떨어지지 않게 잘 관리하기

교직에 있을 때는 모르다가 퇴임 이후 건강이 급격히 나빠지는 동료 선생님들을 자주 본다. 특히 운동 부족으로 근육

량이 적고 기초 체력이 약한 분들이 많다. 체력이 부족하면 잘 다치고 회복도 느리다. 체력은 몸뿐만 아니라 심리 상태, 인간관계까지 영향을 미친다. 체력이 좋아야 심리도 안정되고 인간관계도 잘 흘러간다. 체력은 나를 보호하는 보호막임을 잊지 말자.

## 4. 혼자서도 건강하게 시간 보내기

교사는 대부분 시간을 아이들과 이야기하고 함께하며 지내기에 평소에 정신적 건강을 위해 자신을 돌아보는 시간을 가져야 한다. 가끔 혼자서 여행도 가고 영화도 보며 누군가 옆에 없어도 잘 지낼 수 있어야 한다. 혼자서도 잘 지낼 수 있는 사람이 타인과도 잘 지낼 수 있다.

## 5. 하루에 10분이라도 독서하기

반복적으로 독서 얘기를 하는 이유는 교사라면 더더욱 내면의 깊이를 더하는 방향으로 성장해야 하기 때문이다. 마음 그릇이 깊고 넓어야 예기치 못한 일이 생겼을 때 어른의 역할을 할 수 있다. 여기에 딱 맞는 방법이 독서다. 교실에서 아이들의 내면을 채우기에 급급하다 보면 교사의 정신은 피폐해지고 나중엔 아이들을 보는 것조차 힘들어지기도 한다. 이럴 때 독서 목록을 짜고 하나씩 읽어가면서 내면을 공고히 다져본다. 스스로 정화되고 단단해지는 걸 경험하게 된다.

## 6. 가족을 더 사랑하기

가족은 존재만으로 위로가 되고 힘이 되어준다. 가족과 가까이 지내려면 시간을 많이 공유해야 하는데, 여건이 안 되면 "난 요즘 카페라떼가 좋더라", "나 요즘 필라테스 하는데 정말 좋아", "난 요즘 그 드라마에 푹 빠졌잖아" 등 나의 '소확행'을 자유롭게 전해본다. 대화가 끊임없이 이어지면 마음도 계속 오갈 수 있다는 걸 기억하고 편하게 마음을 먼저 보여준다.

## 7. 말없이 한 시간을 같이 있어도 편안한 사람 찾기

교직에 있을 때 동고동락하던 교직원이 벗이 되고 퇴직 이후 삶을 같이하는 경우가 종종 있다. 업무는 잘못하면 다시 하면 되지만 사람은 떠나가면 다시 잡기 어렵다. 현재 내 옆에 있는 동료들과 좋은 추억을 많이 쌓아가길 권장한다.

## 8. 퇴직 이후 경제활동에 도움이 되는 콘텐츠 준비하기

현직에 있을 때 다양하게 활동해보고 나에게 무엇이 맞는지 그리고 이것이 경제적으로 어떤 이익을 창출하는지 알아본다. 실제로 사회에선 현직에 있는 사람을 선호하는 경향이 있으므로 제2의 경제활동을 미리 계획해본다.

**선배님,
고민이 있어요**

**Q** 좋은 책을 읽고 싶은데 어떤 책이 좋을까요?

현재 나에게 필요한 것이 무엇인지 생각해보고 내용을 간단히 적어놓으면 책을 고르는 데 도움이 됩니다.

　하지만 독서는 쉽지 않죠? 그래서 처음엔 흥미 위주의 독서를 합니다. 그러다 독서에 익숙해지고 독서 패턴이 정착되면 알고 싶은 분야의 책을 읽으세요. 하루 한 시간을 읽겠다든가, 10페이지를 읽겠다는 목표는 무조건 NO! 무리하면 부담이 됩니다. 한 10분 정도로 짧게 시작해보세요.

번아웃을
훌훌 털고 일어날
나만의 방법

신호등 앞에 잠시 정차하면 머리를 흔들고, 입을 크게 벌리고, 상체를 좌우로 흔듭니다. 절대로 옆 차에 눈길을 주지 말고요.

제가 무얼 하는 걸까요? 바로 마음에 담긴 나쁜 감정을 훌훌 털어버리는 것입니다. 저는 집에서 기분 상하는 일이 있으면 학교에 가기 전, 신나는 음악에 맞춰 미친 듯이 춤추고 노래해요. 집에서의 나쁜 감정을 교실까지 끌고 갈 순 없으니까요. 음악에 맞춰 몸을 흔들고 감정을 정돈하는 거죠. 그러면 기분이 아주 좋아집니다. 가정과 직장은 별개의 공간이기에 개인적인 감정이 묻은 채로 교실에 들어가지 않으려는 저만의 노력이기도 해요. 퇴근 때도 마찬가지죠. 학교에서 느꼈던 감정을 집으로 끌고 가지 않으려고 감정을 털어내는 연습을 합니다.

가끔은 집에서 정말 안 좋은 일이 있어 아무리 노래 부르고 춤을 춰도 부정적 감정이 다 사라지지 않을 때도 있어요. 그러면 학교에 도착해 주차장을 한 바퀴 걷거나 연구실에서 차를 마시고 간식을 먹으며 감정을 비워냅니다. 마찬가지로 학교에서 생긴 불편한 감정이 퇴근할 때까지도 다 정리되지 않으면 동네 공원을 몇 바퀴 돌고 나서 집에 들어갑니다.

지나간 일에서 가벼워지려면 사안은 그대로 남겨두어도 감정을 털어내는 연습이 필요합니다. 연습은 습관이 되고 습관은 자질이 되어 능력으로 인정받기 때문이죠.

김경일의『마음의 지혜』에 이런 말이 나옵니다.

**"번아웃증후군은 일을 많이 해서 오는 것이 아니라 오로**

지 그 일만 해서 오는 것이라고 합니다. 그러니 다른 일을 해보시기 바랍니다."

색다른 취미나 운동 등 다양한 경험으로 긴장된 마음을 풀어버리고 내 안에 숨겨진 또 다른 열정을 발견하세요. 나를 사랑하는 일은 무엇보다 중요합니다. 나를 사랑해야 오늘 각자에게 맡겨진 하루의 무게가 가벼워집니다.

오늘 가르치지 못한 건 내일 다시 가르칠 수 있으나 오늘 돌보지 못한 '나'를 내일 돌본다면 늦습니다. 스스로를 사랑하는 일은 반 아이들의 성장을 위해 쏟아야 할 에너지를 키우는 일이자 내일을 풀어가는 해답입니다.

**Q** 번아웃된 감정이 회복되지 않는다면
그땐 어떻게 할까요?

지인보다는 지금의 감정을 객관적으로 판단해줄 상담 기관이
나 의료 기관의 도움을 받아보세요. 최소 몇 개월의 쉼이 필요
하다면 상담 기록이 근거가 되어 바로 쉴 수 있기 때문입니다.

　달리다가 멈춘 게 아니라 끝까지 달렸기에 이제 쉼이 필요해
진 것입니다. 혹시 쉬게 되더라도 자책하지 말고 스스로에게 충
분한 휴식을 주세요.

# 2 교시

# 3월,
# 어떻게 보낼까요?

# 3월,
# 아이들도
# 모든 게 처음입니다

Q. 6학년이면 유치원과 초등 5년을 거치며 웬
만한 걸 다 배웠으니 학교생활도 알아서 잘하겠
죠?
A. 결코 그렇지 않습니다. 3월의 새 학년 첫날,
모든 학년은 새 담임선생님에게서 아무것도 배
우지 않은 아이들이니까요.

담임교사들이 착각하는 것이 있습니다. 올해 처음 만난 나의 반 학생들은 지난 학년 담임교사에게서 많은 걸 배웠고 그래서 학교생활 전반을 다 알고 있으리라 생각하는 것입니다. 하지만 담임교사가 이런 생각을 하는 순간 학급 아이들의 모든 행동이 눈에 거슬리기 시작하죠. 알면서 하지 않는다고 착각하기 쉬우니까요.

새 학년이 된다는 것은 이전 담임선생님과는 다른 가치관 및 교육관을 지닌 담임선생님을 만나 처음부터 아예 새롭게 학교생활을 시작하는 일임을 기억해야 합니다. 그러지 않으면 잔소리만 남발할 수 있습니다. 물론 아이들은 청소 방법도 알고 인사해야 한다는 것도 알고 급식실 에티켓도 알겠지만 그 세세한 방식이 새로운 담임선생님의 기준에 맞지 않을 수 있습니다. 그래서 몇 학년이든 학교생활의 사소한 부분부터 공유하는 시간이 필요해요.

알 만한 걸 굳이 왜 알려줘야 하는지 의아한가요? 간단합니다. 나의 학급 아이들이 나를 만난 건, 나의 가르침을 받으며 한 살 더 먹은 만큼 그에 맞게 성장하기 위함입니다. 그런데 배우기도 전에 꾸중부터 듣는다면 마음이 어떨까요? 다 가르쳐주지도 않고 시험부터 치는 격이 아닌가요? 한 가지 새로운 습관을 몸에 익히기 위해서 얼마나 많은 시간을 들여야 하는지를 교사는 꼭 기억해야 합니다.

그럼, 무엇부터 가르쳐야 할까요? 공부보다는 청소 방법, 교실 생활 수칙 등 기본적인 학교생활을 먼저 가르쳐야 합니다. 저는 이와 관련된 내용을 3월 개학 첫날부터 가르칩니다. 이맘때 아이들은 항상 긴장하고 있어서 교육 효과가 좋기 때문입니다.

## 교실 청소 방법

### 1. 하나하나 자세히 알려주기

고학년이 되어도 아이들은 집에 갈 생각에 들떠 청소를 허투루하기 쉽다. "청소 당번!" 하고 소리쳐도 들은 체도 않는다. 이럴 때 아이들의 바쁜 마음은 잠시 모른 척하고 빗자루 쓰는 방향, 쓰레받기에 먼지를 담아 쓰레기통에 넣는 방법을 알려준다. 물론 아이들은 당연히 '아니, 뭘 이런 걸 알려주시지?' 하는 표정을 짓는다. 왜 그런 불만스러운 표정을 짓느냐고 지적하는 순간 아이들과 신경전을 벌여야 하므로 아예 못 들은 척 청소 방법만 꿋꿋이 이야기한다.

저학년은 역할을 처음 배우는 시기이므로 실제로 도구를 사용하는 모습을 보여주며 기본을 철저히 가르쳐야 한다. 교실도 구역별로 나누어 차근차근 쓸도록 시범을 보여준다. 청소기를 사용할 때 책걸상을 어떻게 밀어야 하는지, 어디부터 청소해야 먼지가 안 날리는지, 그리고 청소가 끝난 후 뒷정리하는 것까지 세심히 알려줘야 한다. 청소기 전선을 잘 말아두지 않으면 친구가 걸려 넘어져 다칠 수 있다는 것도 설명한다. 굳이 이렇게까지 설명해야 하나 싶지만 잘 생각해보면 나의 학급 아이들은 나에게서 청소 방법을 배운 적이 없기 때문에 자세히 하나하나 알려주는 것이 당연하다.

## 2. 창틀 먼지 제거와 신발장 청소는 필요할 때만 하게 하기

창을 한쪽으로 전부 밀고 닦은 다음, 다시 반대로 창을 밀고 나머지 반대쪽도 닦아야 한다고 알려준다. 그리고 비가 오면 창틀 먼지를 닦지 않아도 된다고 말해준다. 그러지 않으면 비가 오는 날에도 창문을 다 열고 청소하는 아이가 종종 있기 때문이다. 또한 창틀 청소는 매일 하지 않고 일주일에 두 번 정도 정기적으로 하며, 굳이 아이들이 하교 후에 하지 않아도 되는 청소 구역이므로 시간 날 때 학생 스스로 청소하는 융통성을 알려준다.

신발장은 아이들이 하교 후 청소해야 하는 구역이다. 가끔 아이들이 청소하면서 신발주머니가 섞여 사소한 싸움이 나는 경우도 있다. 신발장은 먼지가 많이 쌓이지 않으므로 매일 하지 않아도 된다는 것을 말해준다.

## 3. 분리배출 일자는 정확히 알려주기

수업 내용에 따라 쓰레기가 많이 나오는 날이 있으므로, 쓰레기가 어느 정도 쌓이면 어떻게 분리수거할지 스스로 판단하는 법을 알려준다. 분리배출 요일이 정해진 학교라면 해당 요일을 학급 아이들에게 정확히 알려줘야 분리배출을 담당한 친구들이 제때 일을 안 하고 게으름을 피웠다는 오해를 받지 않는다.

## 4. 청소 시간은 짧게 주고, 설명은 단호하게 하기

청소 방법은 말로만 알려주지 말고 교사가 시범을 보이며 확실하게 알려주어야 한다. 그래야 아이들도 지금까지 알고 있던 청소 방법에서 무엇이 잘못되었는지 깨닫고 바꾸어나갈 수 있다. 단, 청소 시간은 길게 주지 말고 짧은 시간으로 정확히 정해서 운영한다. 만일 제시간에 아이들이 청소를 말끔히 해내지 못하면 다음 날 교사가 같이 청소하면서 다시 철저히 가르쳐주어야 한다. 이때 화내지 말고 친절하지만 단호한 목소리로 차근차근 설명한다. 아이들은 배우려고 학교에 왔다는 사실을 명심한다. 잘하지 못했다면 혼날 일이 아니라 다시 배우면 된다.

## 학교에서의 행동거지

### 1. 교실 앞문은 입실, 뒷문은 퇴실로 약속하기

입퇴실 문이 정해져야 아침에 등교하면서 교사와 아침 인사를 할 수 있고 교실을 드나드는 아이들끼리 부딪히는 경우가 줄어든다. 아이들이 들고 나갈 때 각 문 앞에서 순서를 지키는 습관을 기를 수 있다.

## 2. 교실에서는 조용히 말하도록 인지시키기

발표하는 목소리와 옆 사람에게 말하는 목소리를 시범으로 보여주고, 멀리 있는 친구에게 말하고 싶으면 쉬는 시간에 직접 가서 말하도록 인지시킨다. 교사도 학생에게 하고 싶은 말이 있을 때 수업 시간이 아니면 가까이 불러서 작은 목소리로 말한다. 보는 것만으로도 목소리 크기를 가늠하고 연습할 수 있다.

## 3. 복도에서는 우측통행을 하라고 알려주기

우측통행은 서로 안전하게 다니기 위해 정한 규칙이므로 아이들이 이해하고 연습할 수 있게 한다. 우측통행을 완벽히 익힐 때까지 점심시간마다 한 달 동안 복도에서 직접 지도한다. 한 달이 지나면 저절로 우측통행하는 아이들의 모습을 볼 수 있다. 머리로 외우기보다 몸으로 직접 연습해야 체화된다.

## 4. 의자는 책상 밑에 꼭 넣어두게 하기

교실은 한 학급의 아이들이 다 함께 사용하기에 아주 복잡하다. 책가방과 책걸상이 있어서 조심하지 않으면 걸려 넘어지고 다칠 수도 있으니, 아이들에게 자리에서 일어나면 항상 자기 의자를 책상 밑으로 넣으라고 알려준다. 의자를 넣지 않는 아이에게 지적할 때는 이 규칙을 처음 가르치는 것처럼 아주 친절하고 천천히 알려준다.

## 기타 학교생활 주의사항

### 1. 각종 회신문 제출 방법

요즘은 다양한 통로로 학부모와 소통해서 회신문을 많이 사용하지는 않지만, 담임교사에게 회신문을 제출하는 방법도 연습이 필요하다. 사적 정보나 민감한 내용이 담긴 회신문은 교사가 직접 회수하고 그렇지 않은 건 자기 출석 번호에 맞추어 교사 책상 위에 올려두게 한다. 이러면 교사가 출석 번호대로 다시 정리하지 않아도 되어 업무 시간을 절약할 수 있다. 당일 제출해야 하는 회신문이나 학습지 등은 샘플을 만들어 칠판에 붙여두고 아이들이 자기가 무엇을 어떻게 제출해야 하는지 한눈에 보게 한다.

### 2. 교과서 검사 및 채점 시 제출 방법

검사받기 위해 교과서를 놓는 위치와 교사가 검사를 마친 교과서를 놓는 위치를 정해놓고 알려준다. 이 자리가 익숙해지면 아이들은 검사가 끝난 후 자기 교과서를 가져가도 되는지 묻지 않고 스스로 찾아간다. 당번이 있다면 당번이 회수하고, 당번이 없을 땐 눈치 빠른 아이가 친구들에게 교과서를 돌려준다. 3월에 잘 설명해두면 이후부터 교사와 아이들 사이에 무언의 약속이 생겨 원활한 학급 운영이 가능해진다.

가르칠 교敎 자를 보면, 회초리를 들어 아이가 배우도록 하라는 뜻임을 알 수 있습니다. 이 한자를 곱씹어보면 교사는 가르치고 아이들은 배운다는 단순한 논리만이 아니라 교사의 의지도 포함된다는 걸 깨닫게 됩니다. 실제로 회초리를 들진 않으나, 그만큼 교사는 가르치려는 의지를 가지고 아이들에게 배우겠다는 의지를 심어주어야 하는 것입니다.

교사도 연륜이 더해지면서 배워가는 게 있습니다. 그래서 3월에 처음 만나는 아이들을 보면서 일방적으로 가르치기보다 교사인 자신도 아이들을 어떻게 가르칠 것인지 배워간다는 마음이 필요합니다.

교사인 우린 교육을 배워가는 '학생'입니다. 올 한 해 어떤 아이를 만나서 무엇을 배울지 마음을 가다듬어보세요. 새 학년이 주는 낯섦과 두려움이 조금은 가벼워질 테니까요.

**Q** 학교생활 기본 규칙을 가르칠 때 아이들이
"에이~ 선생님, 그 정돈 다 알아요" 하고 귓등으로 들으면
어떻게 할까요?

때론 안 들리는 척 반응하는 것도 방법입니다. 아이들이 하는 말에 일일이 다 대응하면 감정이 흔들리죠. 우리의 목표는 가르치는 것인데 감정이 흔들리면 그 목표도 흔들리게 됩니다.

따라서 슬픔이나 우울을 호소하거나 생일과 같은 일을 축하해달라고 하는 등 감정적 반응을 요하는 일에는 섬세하게 반응하고, 중요한 것을 설명할 때는 툴툴거려도 못 본 척해야 합니다.

수업 준비를 안 하면
어떤 일이 생기는지
스스로 깨닫게 하세요

아이들은 종소리가 들리지 않는 걸까 싶을 때가
있습니다. 쉬는 시간이 끝나고 수업이 시작됐는
데도 내내 복도를 누비는 아이들을 보면 말이지
요.

아이들은 복도를 너무나 사랑합니다. 쉬는 시간 동안 복도에서 친구들과 게임하고 놀고 심지어 바닥에 눕기도 합니다. 그러면서 아이들은 최대한 교실에 늦게 들어가려고 애씁니다.

저도 아이들의 마음을 이해합니다. 하늘이 유난히 맑은 날이면 저도 조퇴하고 싶은 마음이 불쑥 들 때가 있으니까요. 그래도 담임인 우리는 자꾸만 교실을 벗어나고 싶어 하는 아이들을 제자리에 앉혀야 합니다.

놀랍게도, 아이들은 스스로 자리에 앉을 수 있습니다. 그냥 선생님들이 의연히 버티면 가능해요. 물론 선생님들은 흘러가는 수업 시간이 아깝기도 하고 알려줄 것들이 산더미라 빨리 수업을 시작하고 싶어 조바심이 나겠죠. 하지만 그 조바심이 눈에 드러나 아이들이 발견하는 순간, 이 승부는 교사의 '패'로 끝이 납니다.

의연하게 버티세요. 3월은 수업 진도를 나가는 게 아니라 수업 분위기를 정착시키는 게 가장 중요한 목표니까요. 절대 흔들리지 말고 아이들이 제자리에 앉는 습관이 들도록 기다립시다.

모든 교실에서 효과가 나타난다고 장담할 수는 없지만 선생님이 소리를 높이지 않아도 아이들을 스스로 자리에 앉게 만드는 저만의 초간단 수법을 알려드립니다.

2교시: 3월, 어떻게 보낼까요?

## 아이들을 자리에 앉히는 초간단 방법

1. 수업 시간과 쉬는 시간이 몇 분인지 미리 알려준다. 이때, 교사가 아니라 아이들이 수업 시간과 쉬는 시간을 말하도록 한다. 이는 아이들이 마음의 준비를 할 수 있도록 돕기 위함이다.

2. 쉬는 시간이 학교마다 다르기에 몇 분인지 다시 한번 강조한다.

3. 수업 시간마다 진도를 알려주고 당일 시작하는 교과서의 쪽수를 정확히 알려준다.

4. 아이들이 모두 자리에 앉아 교과서를 펴고 준비를 하면 그때부터 수업이 시작됨을 정확히 알려준다. 쉬는 시간이 5분이 될지 10분이 될지는 아이들이 수업을 몇 시에 시작하느냐에 달려 있음을 설명한다.

5. 이때 가만히 앉아 있기만 하면 수업이 끝나는 게 아니라 수업에 열심히 참여해야 수업이 제시간에 끝난다는 원칙도 알려준다. 예를 들면 다음과 같이 말한다. "여러분이 시간을 지키면 선생님도 여러분의 쉬는 시간, 점심시간, 체육 시간은 절대 방해하지 않을 거예요."

6. 아이들이 서로 앉으라고 하거나 억지로 앉히려 하는 건 삼가게 한다. 이 또한 소음이기 때문이다. 아이들이 각자 조용히 시계를 보고 앉아야 한다.

이 방법을 사용하면 아이들은 수업 시간에 선생님이 하는 말만 들으면 된다는 생각 대신, 스스로 생각하고 움직여야 수업이 진행된다는 걸 인지합니다.

포인트는 수업을 시작할 때 수업 준비 시간이 얼마나 소요되는지에 따라 마치는 시간도 달라진다는 걸 알려주는 겁니다. 단, 누구 때문에 수업을 늦게 마쳤다는 비난은 삼갑니다. 그리고 수업 시작하는 시간을 잘 지키고 수업 활동도 잘하면 급식을 5분 일찍 먹을 수 있다는 당근도 던져주세요.

물론 아이들만 잘하면 안 되죠. 교사도 수업 설계를 열심히 준비해 와서 아이들이 능동적으로 수업에 참여하도록 노력해야 합니다. 수동적인 수업은 어차피 시간이 지나면 수업이 끝나니까 딴생각이나 하자는 식으로 아이들의 의욕을 떨어뜨립니다. 아이들 스스로 준비하고 교사가 기다리는 분위기로 바뀌어야 교실 전체가 학습 무기력에서 벗어나 적극적으로 참여하는 교실로 변할 수 있습니다. 교사도 사람이므로 에너지를 끝없이 쓸 수 있는 게 아니지요. 교사도 아이들이 적극적으로 수업에 참여하는 모습에서 힘을 얻어야 끝까지 동요 없이 수업할 수 있습니다.

수업은 교사와 학급 아이들이 같이 준비하고 참여해야 합니다. 조금 늦더라도 교사와 아이들이 같이 출발하는 교실에서 배움이 일어납니다. 답답할 때도 있겠지만 그래도 꼭 참으세요. 화는 절대 안 돼요! 선생님은 의연하게 웃으며 항상 똑같은 톤으로 이야기합니다.

더불어 3월에는 시계를 보고 자리에 앉아 수업 시작을 기다리는 학습 훈련을 반드시 진행합니다.

교실 수업뿐만 아니라 강당이나 운동장에서 하는 체육 수업도 마찬가지입니다. 참여 의지를 보이고 미리 줄을 서서 기다리는 연습을 새 학년 첫 달에 해야 합니다. 그래야 몸을 쓰는 체육 수업을 안전하게 할 수 있지요. 또한 줄을 안 서고 늦는 아이들이 있으면 그날은 아예 수업을 늦게 시작해 늦게 끝내보세요. 그래야 나의 행동으로 친구들에게 피해를 주게 되었다는 걸 깨닫고 반성할 수 있습니다. 때로는 백 마디 말보다 한 번의 경험이 문제 행동을 수정하는 데 효과적입니다.

오랜 경험으로 봤을 때, 저는 수업 태도가 성적을 좌우한다고 확신합니다. 그러니 아이들이 교실 시계를 스스로 보며 알아서 제자리에 앉는 그날까지 기다려주세요. 아이들의 변화를 기대하는 3월을 즐겨봅시다.

**Q** 아이들 사이에서 너 때문에 수업을 늦게 시작해
쉬는 시간이 없어졌다고 말다툼이 생기면, 오히려 안 좋은 게 아닐까요?

모두의 마음에 드는 방법은 없습니다. 아무래도 조금의 불협화음이 생길 수 있겠지만 이렇게 서로를 비난하는 시간도 수업 시작을 늦추는 요인이라는 걸 알려주는 게 더 중요해요.

서로를 탓하는 아이들을 조용히 바라보면서 은근히 웃어주면 처음에는 선생님이 '왜 웃지?' 하는 표정을 짓다가도 이러면 수업 시간이 늦어진다는 걸 깨닫고 다툼을 멈출 겁니다. 실제로 친구를 비난하다가 수업이 늦어지는 것보단 나부터 수업 준비를 빨리 하는 게 낫겠다고 아이들 스스로 생각을 고치더라고요.

거리를 좁히는
최고의 방법,
이름 외우기

개학 첫날 교실에 들어가면 호기심 어린 새카만
눈들이 담임선생님만 따라다닙니다. 그런데 사
실 교사들의 호기심도 아이들 못지않죠. '올해
우리 아이들은 어떨까? 잘 지낼 수 있을까? 학
부모님들은 어떨까?' 생각이 꼬리를 물고 이어
집니다.

하지만 개학 첫날 교사가 가진 정보는 달랑 A4 한 장짜리 학급 명부가 전부입니다. 그래서 일단 이 아이들이 교실에 다 왔는지 확인하고 이름을 불러서 목소리도 들어보지요. 그런 다음 담임 자기소개를 합니다.

여기까지만 한다면 일단 순항이에요. 개학 첫날은 급식이 없기 때문에 제시간에 잘 하교시키는 것이 목표니까요. 그렇지만 늘 앞서가는 아이가 있지요. 반장은 언제 뽑는지, 시간표는 뭔지, 선생님은 어디에 사는지 교사가 말할 내용을 앞질러서 묻는 학생에 당황하기도 합니다. 그러나 담임교사는 굴하지 말고 질문은 나중에 받는 걸로 하고 계속 할 일을 해야 합니다.

가끔, 후배 선생님들이 묻곤 합니다. "처음 만나는 아이들의 이름과 얼굴을 하루 만에 다 외우기 벅찬데, 그래도 웬만하면 3일 안에는 외워야겠죠?" 이런 고민이 웃겨 보이기도 하지만 사실은 굉장히 중요합니다. 담임교사의 1년 계획을 위해서나 생활지도의 완벽함을 위해서나 말이죠. 아이들 이름을 빨리 외울수록 생활지도가 편해지므로 모든 업무보다 가장 우선시되어야 합니다.

새 학년 첫날 아이들의 이름을 외우기 위해 저는 나름의 방법을 써왔습니다.

## 우리 반 아이들 이름 빨리 외우는 방법

1. 복도에 키대로 줄을 세운다.

2. 아이들이 앉고 싶은 자리가 생기기 전에 먼저 자리를 배치해둔다.

3. 이름표를 만들어 책상에 놓는다.

4. 담임교사는 아이들의 특징을 파악하기 위해 빨리 아이들을 스캔한다.

5. 이때 아이의 좋은 점을 기억하며 이름을 외운다. 예를 들면 잘 웃는다, 줄을 잘 선다, 집중을 잘한다 등. 이렇게 좋은 점과 연결해 이름을 외우면 장기기억에 저장되는데, 나중에 아이들을 볼 때마다 장기기억에서 좋은 점이 떠올라 긍정적인 관계가 형성된다.

6. 아이들이 자신의 이름을 설명하는 시간을 가진다. 혹 이름의 뜻이나 이름자에 담긴 부모님의 바람에 대해 알지 못하는 아이가 있다면 지금 본인이 뜻을 만들어 이름에 좋은 의미를 붙여보도록 한다. 첫날이라 혼자 일어나거나 앞에 나가서 발표하는 걸 어색해하는 아이들이 많다면 실물화상기를 이용하여 자리에 앉은 채로 교실 텔레비전을 보며 이야기한다.

7. 자신의 이름을 설명하는 동안 담임교사는 소극적인지 적극적인지, 무엇을 어려워하는지 등 아이들의 특성을 파악

한다. 이름을 설명하는 발표가 끝나면 교사와 아이들은 서로의 이름을 외우는 시간을 가진다.

아이들이 하교하고 나면 첫날 업무는 이제 그만! 첫날부터 업무에 몰입하기보단 학급 아이들과 동료 교사들에게 먼저 관심을 돌려보세요.

같은 학년 선생님들과 식사하면서 1년을 함께할 가족들과 수다를 떨어봅니다. 1년 동안 서로에게 힘이 될 가족입니다. 서로의 마음을 가장 잘 알아봐주고 위로해주는 가족이죠. 그래서 한 끼 식사가 무엇보다 소중한 시작입니다.

점심을 먹고 교실에서 20분 동안 학급 명부에 있는 아이들의 이름과 자리 배치를 확인합니다.

모둠별로 이름을 외우고 교사 책상 위에 이름 조직도를 붙여 쉽게 외울 수 있도록 나만의 표시를 해둡니다.

유독 관심을 가질 필요가 있는 아이는 첫날부터 이름을 확실하게 외워두고 다음 날부터 바로 이름을 부르며 다가가면 생활지도가 수월해집니다. 관심이 필요한 아이는 대개 첫날 교사의 눈을 보지 못하거나, 이름을 부르면 대답을 어려워하거나, 자리를 정하려고 한 줄로 서라고 하면 어디에 들어가야 할지 몰라서 줄 밖에서 마냥 서 있는 모습을 보입니다. 이름을 빨리 기억해주는 것은 그런 아이와의 관계를 풀어가는 시작점입니다.

아이들도 선생님이 벌써 나를 기억해주고 친근하게 이름을 불러주니 긍정적인 감정을 느낍니다. "그, 너 이름이 뭐야?" 하고 부르는 것보다 "김철수!" 하고 부르는 게 낫고, 그보다는 "철수야"라고 불러주는 게 훨씬 낫겠죠.

이름은 관계를 만들어가는 진입로와 같습니다. 어떻게 불러주느냐에 따라 친밀도가 달라져요. 특히나 아이들을 부를 때 친근하게 웃으면서 불러주면 담임교사에 대한 첫인상이 좋게 각인되어 앞으로 1년의 학급 운영이 수월해집니다.

아이들 이름을 완전히 다 외울 때까지 쉬는 시간, 점심시간 등 시간이 날 때마다 아이들 이름에 담긴 뜻과 부모님의 사랑을 계속해서 강조합니다. 아이들은 아직 담임교사와 친해지지 않아서 어색하지만 이름에 담긴 뜻을 나누며 자주 대화하다 보면 부담을 느끼지 않고 교사를 대할 수 있습니다.

새 학기 첫날, 교사도 자기 이름에 대해 생각해봅니다.
내 이름엔 어떤 뜻이 담겨 있을까?
난 과연 이름의 뜻대로 살고 있나?
앞으로 내겐 어떤 삶이 기다리고 있을까?

처음 만나는 아이들 앞에서 이름에 담긴 뜻을 설명하면서 올 한해를 어떻게 보낼지 다져보는 시간을 가져보세요. 교사 자신의 이름 뜻과 학급 아이들의 이름 뜻을 종종 되새겨본다면 교사 자신뿐만 아니라 학급 아이들을 바라보는 시선이 조금은 달라질 것입니다.

**Q** 이름 대신 별명을 부르며 놀리는 학생은
어떻게 지도해야 할까요?

이럴 땐 교사가 두 아이를 불러서 대화하게 합니다. 감정은 내려두고 사실만 이야기하도록 이끌어주세요.

교사 :   친구가 별명을 부를 때 마음이 어땠어?

학생 A :  듣기 싫고 짜증 났어요.

교사 :   이런 기분이 들 거라는 생각은 해봤니?

학생 B :  아니요. 그냥 친하니까 괜찮을 줄 알았는데요.

교사 :   그럼 A는 어떻게 했으면 좋겠어?

학생 A :  이름을 불러줬으면 좋겠어요.

교사 :   이름을 불러달라는데, 그래줄 수 있겠니?

학생 B :  이젠 이름을 부를게요.

교사 :   A야, 별명을 부르지 말라고 표현하고 나니 마음이
         어때?

학생 A :  다른 일도 싫으면 화내지 말고 마음을 그대로 전달
         하는 게 더 낫겠다는 생각이 들어요.

교사 :   B는 재밌다고, 친하다고 하는 말이 상대에게 불편을

줄 수 있다는 생각을 해봤을까?

학생 B : 싫은 줄 알았지만 싫다는 말을 안 해서 괜찮은 줄 알 았어요.

교사 : 그래. 상대가 표현하지 않아도 입장을 바꾸어서 생 각을 먼저 하고 말하도록 해. 그러면 남에게 상처 주 지 않을 수 있어.

이렇게 대화하는 동안 아이들의 성난 감정이 가라앉습니다. 그러면 다시 그 일로 다투지 않고 화해도 할 수 있습니다.

# 학부모의
# 신뢰도를 높이는
# 학기 초 상담

학기 초 상담 때는 학부모가 작성한 가정환경 조사서를 담임교사가 먼저 보고 담임에게 바라는 점이 무엇인지, 자녀의 어떤 부분을 걱정하는지를 파악합니다. 그리고 학부모를 만나서는 이런 부분을 담임교사가 잘 인지하고 있음을 이야기하지요.

가정환경 조사서를 기준으로 잡는 이유는 학부모가 가장 걱정되는 부분을 작성한 것이기 때문입니다. 따라서 담임교사가 이 부분을 인지하고 있다는 걸 알면 학부모는 자녀의 학교생활을 다소 안심하며 담임교사를 신뢰하게 됩니다.

상담기록부는 학기 초에 준비합니다. 상담기록부를 작성하다 보면 학부모마다 무엇을 가장 중시하는지 한눈에 보입니다. 그 표현들을 잘 보이게 표시해서 이어보면 가정에서 이루어지는 교육 중점을 명확하게 파악할 수 있습니다. 담임교사는 그걸 중심으로 해당 학생의 교육 방향을 잡아갑니다.

## 1학기 초에 준비할 상담기록부(예시)

1. A4 용지를 1인당 4장 기준으로 학생 수에 맞춰 준비한다.

2. A4 용지 뭉치의 왼쪽 세로 부분을 집게 또는 스프링으로 철한다(노트처럼 펼쳐지도록).

3. 맨 첫 장은 상담 기록 표지로 사용하고 뒷면부터 시작해 1~2쪽에는 학생 명부를 부착한다.

4. 3쪽(왼쪽 페이지)에 1번 학생의 가정환경 조사서를 붙이고 4~8쪽까지 비워둔다. 이는 앞으로 1년간 상담하면서 내용을 기록하는 장으로 사용한다. 9쪽(왼쪽 페이지)에 2번 학생 가정환경 조사서를 붙이고 10~14쪽을 기록하는 페이지로 사용한다. 이렇게 마지막 번호까지 만든다.

상담할 때는 상담 날짜와 주요 내용을 기록합니다. 언어습관, 학습, 학교생활 등 영역을 나누어 색을 달리해서 필기해둡니다.

성실한 상담 기록은 학부모에게 '아, 우리 애 담임선생님이 학급 애들을 자세히 알고 있고 공감해주고 있구나' 하는 신뢰를 줍니다. 제가 상담했던 내용을 간단히 예시로 보여드립니다.

> 어머니, 지난 3월에 통화했을 때 수지가 옆 짝이랑 대화가 잘 안 맞아 걱정한다고 하셨잖아요? 그리고 학기 초 어머니께서 작성하신 가정환경 조사서에는 수지가 남에게 싫은 말을 못 한다고 했고요.
> 이 2가지를 4월 한 달 동안 관찰하며 생활지도를 했어요. 그랬더니 지금은 짝한테 생각을 조금씩 말하면서 싫은 건 나쁜 게 아니라고 생각하더라고요. 이 부분은 한 달 더 지켜보고 다음 달에 다시 상담하겠습니다.

학부모와 상담을 하고 나면 상담기록부에 언제 추가 상담을 어떤 내용으로 하기로 했는지 메모해놓습니다. 그리고 약속한 날에 전화하면 상담 효과가 올라갑니다.

학부모와 친밀도가 쌓이지 않은 상황에서 자녀가 고쳐야 할 점을 말하면 오해가 불거지고 상담을 통해 아이의 변화를 이끌수 없습니다. 여기서 친밀도는 사적으로 친해야 한다는 의미보다는 최소한 부모와 교사가 서로의 교육관을 이해하고 학생이 어떤 상황인지 파악하고 있다는 의미입니다.

수업이 끝나고 나면 다음 수업 준비와 행정 업무로 학부모와 소통할 시간이 부족해집니다. 그럴 땐 가정환경 조사서를 자세히 읽으면서 부모의 성향과 학생이 무엇을 잘하고 어려워하는지 빠르게 파악합니다. 상담을 시작할 때 가정환경 조사서에 나와 있는 내용을 바탕으로 대화를 시작하고 그다음 교실에서 관찰한 내용으로 상담을 해야 상담이 매끄럽게 진행됩니다.

이처럼 학기 초 배부하는 가정환경 조사서가 매우 중요합니다. 따라서 반드시 학부모가 직접 자세히 적도록 안내해야 합니다. 가끔 학부모 대신 학생이 직접 작성하는 경우도 있는데 이러면 효과적인 상담이 어렵습니다.

상담을 효율적으로 하는 방법은 당연히 학부모의 관심 영역을 중심으로 대화하는 것입니다. 교사는 교육전문가이기에 학생을 어떻게 지도하면 변화가 나타나는지 잘 압니다. 그러나 때로는 학부모의 이야기를 먼저 충분히 듣는 것이 아이를 올바르게 교육하는 데 더욱 도움이 됩니다.

**Q** 상담을 앞두면 마음이 무거워요.
어떻게 마음을 조절할까요?

상담은 어려운 일이 맞아요. 그럴 땐 학부모와 교사의 관계에 대해 다시금 생각해보세요. 교사는 러너인 학부모와 똑같은 속도로 달리는 또 하나의 러너가 아닙니다. 학부모의 속도를 조절해주는 페이스메이커죠. 학생의 문제점을 해결하고 변화를 이끈다는 점에서 교사와 학부모는 같은 목표를 가졌지만, 교사는 학부모가 감정과 상황에 흔들려 과속하지 않도록 페이스 조절을 하는 데 더욱 중점을 두어야 합니다.

문제 상황: 4학년 아이가 늘 스스로 준비물을 챙기지 못해
학급 아이들에게 자주 빌리다가 결국 원성을 듣
게 된 상황
출발점: 스스로 준비물을 챙기는 것에 중점을 둘 것인가,
아니면 빌릴 때의 태도에 중점을 둘 것인가?

하나의 문제 상황에 두 가지 출발점이 있습니다. 이 둘 중 어떤 것을 선택할지 학부모와 상담하며 결정합니다. 아마도 학부

모는 아이가 스스로 준비물을 잘 챙겼으면 좋겠고 더불어 같은 반 아이들과 트러블도 안 일으키길 바랄 겁니다. 그래서 두 문제를 동시에 고쳐보려 할 텐데, 이때 교사가 속도 조절을 해줍니다. 하나씩 천천히 바꿔나가도록 하는 거죠.

상담의 주도권을 교사가 쥐고 진행할 수 있도록 하세요.

# 다 가르치기보단
# 꼭 가르칠 것만
# 제대로

학년 말이 되면 앞으로 또 어떤 학년과 어떤 업무가 배부될지 걱정이 앞섭니다. 새롭게 1년을 함께할 아이들을 만난다는 설렘도 잊힐 만큼 고민이 되지요. 그렇게 3월이 되어 새로운 친구들을 만나면 걱정했던 것들을 까맣게 잊어버립니다. 왜냐고요? 너무 바빠서 걱정할 새도 없기 때문입니다.

처음 만난 아이들의 이름을 부르며 외우고, 수많은 가정통신문을 배부하고, 하교 지도를 마치면 숨 돌릴 틈도 없이 쏟아지는 업무로 첫날을 마무리합니다. 저는 새 학년 첫날 모든 업무가 끝나기 전까지 화장실을 한 번도 못 간 적이 있었답니다.

모든 업무를 마치고 집에 돌아가도 오만가지 생각이 듭니다. 1년간 예정되어 있는 수많은 행사와 교육과정이 떠오르거든요. 올 한 해가 잘 마무리될까 걱정 반, 아이들은 얼마나 귀여울까 기대 반으로 잠을 못 이루기도 합니다.

3월은 가장 소중한 시간입니다. 이 3월을 어떻게 보내느냐에 따라서 1년이 순항일지 역풍을 맞을지 좌우돼요. 3월을 알차게 잘 보내고 나면 이어지는 시간들은 조금 수월해지기도 합니다. 대신 3월엔 몹시 바쁘고 에너지를 많이 써야 하니 각자에게 적합한 방식으로 체력을 보강해보세요!

3월엔 에너지가 많이 소모되면서 심리적으로도 지치기 때문에 교사는 자기 자신을 위한 시간을 마련해야 합니다. 특히 퇴근 후 좋아하는 일을 찾아 즐기도록 하세요. 감정도 바닥이고 체력도 바닥인 상태로 3월을 떠안고 가는 건 여간 어려운 일이 아닙니다. 아이들의 성향도 파악하지 못했고 학부모에 대해서도 더 아는 게 없는데 이미 학부모들은 문의사항을 쏟아내고 있습니다. 이러면 아무리 2월에 한 해 계획을 잘 세워뒀어도 흔들리기 마련입니다.

2교시: 3월, 어떻게 보낼까요?

2월에 연간 교육과정을 잘 작성했다면 그에 관한 걱정은 접어두세요. 그보다 앞으로 우리 반 아이들에게 꼭 가르치고자 하는 우선순위 목표 5개를 정해두고 그것에 집중하세요. 아무리 좋은 목표라도 너무 많이 세우면 혼란스럽고 하나라도 이루지 못했을 때 실패감이 크게 다가옵니다. 교사로서의 자존감도 떨어지게 되지요.

따라서 딱 5개, 내게서 배운 아이들은 적어도 이 5가지는 제대로 알게 하겠다는 마음으로 목표를 세우세요. 저는 청소, 독서, 배려, 화해, 언어생활과 같은 개념으로 목표를 세웁니다. 거창하지 않지만 학교생활을 하며 자연스레 체득할 수 있는 것들이지요. 이렇게 실현 가능한 목표를 세우고 3월을 시작해야 모든 걸 가르쳐야 한다는 부담에서 벗어날 수 있습니다.

고등학생이 된 제자들이 가끔 찾아와 하는 말이 있습니다. 저와 함께 지냈던 1년간 수업을 마치고 집에 갈 때마다 의자를 제자리에 넣는 연습을 하다 보니 이젠 어딜 가도 자연스레 의자를 정리한다고 합니다. 그 말을 듣고 내가 이 아이들에게 모든 걸 가르쳐주진 못했지만 꼭 알려주고자 했던 것들만큼은 제대로 알려주었다는 생각에 뿌듯했답니다.

모든 걸 놓지 않으려고 하다 보면 교사 자신을 놓치게 됩니다. 그러면 너무 빨리 지쳐버리고 자기효능감도 떨어집니다. 3월인데 벌써 겨울방학을 기다리게 될 만큼 말이죠.

저를 만난 아이들이 많은 지식을 쌓고 성적이 쭉쭉 오르지 못하더라도, 긴 인생을 돌아봤을 때 저와 함께한 1년이 참 즐거웠다고 기억해준다면 그걸로 됐습니다. 저는 그것이 교육자로서 진정 성공한 것이라 생각합니다. 교사는 학생이 어떻게 인생을 살아가야 하는지를 스스로 생각하도록 가르치는 사람이기 때문입니다.

12년간의 교육과정이 결국 대학 입시로 향해가는 관문으로만 취급받는 세태 속에서 이제 막 초등학교에 들어온 아이들도 매일 학원에, 숙제에 맘껏 놀 틈조차 없습니다. 그런 아이들을 볼 때면 초등학교 교사로서의 역할이 무엇인지 고민이 됩니다.

교사의 역할은 무궁무진합니다. 배운 걸 까먹어도 웃어주는 사람, 잘못된 걸 알려주고 바르게 바꿔주는 사람, 모든 게 점수로 평가되는 하루 속에서 "아니야, 괜찮아. 내일 다시 하면 돼"라는 한마디를 해주는 사람. 이것이 초등학교 교사가 해야 할 역할이 아닐까요? 미소 하나만으로도 사람의 인생을 달라지게 할 수 있는 존재가 바로 우리입니다.

아이마다 능력에 차이가 있습니다. 그런데 우리 교육은 모든 교과과정을 통과해야만 한다고 정해두었습니다. 배움이 무엇인지 알기도 전에 공부라는 장벽에 가로막히는 아이들이 생겨

날 수밖에 없습니다. 3월부터 계속해서 모르는 것, 틀리는 일을 경험하면 아이는 도미노처럼 4월, 5월⋯⋯ 계속 무너집니다. 당연히 가르치는 교사 또한 같이 무너집니다.

담임교사까지 큰 목표를 세우면 더 많은 아이들이 초반부터 의욕을 잃고 이탈하게 됩니다. 목표를 낮추고 천천히 가자는 마음으로 3월을 시작해야 아이들도 교사도 시작할 힘이 생깁니다.

잊지 마세요. 3월은 워밍업입니다. 워밍업에 전력 질주하면 완주하지 못합니다. 학교에서 완주란 100점이 아니라 이전보다 하나라도 더 알고 어려움을 이겨낼 용기를 가지는 것입니다.

"한 번 더 해도 돼."
"멈춰도 돼."
"그만할까?"
"괜찮아."

이 문장들은 선생님이 아이들에게 말로 해줄 수 있는 선물입니다. 혹시나 교사의 응원을 아이들이 악용할까 걱정도 되겠지만, 그래도 아이들에게 힘을 주세요. 힘들 때 멈춰도 된다고, 실패했을 때 마지막이 아니라 한 번 더 기회가 있다고 알려주는 교사를 만나면 아이들은 학년 말 즈음엔 훌쩍 성장해 있을 겁니다. 교사 또한 성장해 있을 거고요.

　교실에 들어설 땐 웃을 일이 없어도 미소를 지으세요. 웃는 게 습관이 되고 아이들에게도 전해져서 아이들과 교사의 마음에 여유가 생깁니다. 그렇게 웃으며 시작하면 됩니다. 걱정보단 용기로, 부담 없이 가볍게 시작해보세요. 내가 다는 못 가르쳐도 꼭 가르쳐야 할 건 제대로 가르친다고 다짐해보세요.

**Q** 지칠 때 어떻게 충전하면 좋을까요?

저마다 자신만의 충전법이 있지요? 어디에 갈지, 무얼 할지 각자 기분 전환 방법이 있을 겁니다.

매일 멋있게 꾸미고 출근한다든지, 북카페에서 주말을 즐긴다든지 지금부터 나를 충전하는 일을 찾아봐요.

한 가지 팁을 주자면, 성과급이 나오면 꼭 자신을 위해 일부라도 쓰는 겁니다. 성과급은 성과를 낸 사람이 받는 거잖아요. 내가 열심히 해서 받은 거니까 여기저기 써야 할 곳이 많아도 두 눈 질끈 감고 오직 자신만을 위해 쓰세요.

# 자기 주도적인
# 아이로 거듭나는
# 생활지도법

아이들을
움직이는
말랑말랑 카리스마

단호한 카리스마! 아마 처음 교사가 된 분들은
물론이고 매년 새 학년을 맞이하는 선생님들이
면 누구나 갖고 싶은 것이죠. 그런데 이러한 카
리스마가 연습이 될까요?

네. 물론이죠. 이 세상에는 연습하면 안 되는 게 거의 없답니다. 다만, 한 가지는 주의해야 합니다. 바로 '이성'을 챙기는 것입니다.

이성을 놓지 않는다는 게 말은 아주 쉬워 보여도 실제론 그렇지 않아요. 한 학급의 아이들이 야구장을 방불케 하는 소음으로 와글와글 떠들면 선생님의 이성은 날아가버리기 쉬우니까요. 게다가 아이들은 또 어찌나 눈치가 빠른지 선생님의 이성이 어느 정도까지 날아갔는지 잘도 압니다.

매일이 전쟁인 교실. 과연 선생님이 교실로 들어가기만 해도 아이들이 알아서 조용해지는 날이 올까요? 한 번에 해결되진 않지만 조금씩 연습하다 보면 아이들이 달라질 수 있습니다.

학교 다니던 때를 한번 생각해보세요. 말 많은 선생님이 무서웠나요, 아니면 말 없는 선생님이 무서웠나요? 37년 넘게 현장에서 들어온 아이들의 말을 종합해보면 '속을 알 수 없는 선생님'이 가장 무섭다고 합니다.

바로 이것입니다. 속을 보여주지 않는 것. 평소엔 아이들과 마음 깊이 소통해도 화를 낼 때는 속을 보여주지 않아야 합니다. 자, 그러면 '속 감추기 미션'을 연습해보죠.

### 미션1  아이들을 지긋이 바라보기
혼내서 행동이 달라지게 하는 건 효과가 없다.

화도 내지 말고 웃지도 말고 평온하게 바라보며 조용해질 때까지 기다린다.

훈련되지 않으면 아이들은 교사의 시선을 잘 눈치채지 못할 수 있지만 그래도 기다린다.

**미션2  천천히 수업 시작하기**

조용히 하라는 말 대신 "25쪽 볼까요?" 하며 수업을 시작한다. 혼날 줄 알았던 아이들은 '이건 뭐지?' 하고 당황하게 된다. 단, 반 아이들 모두 수업 준비가 되어야 수업을 시작한다.

**미션3  평소보다 작은 목소리로 말하기**

평소보다 작게 말하고, 수업 내용은 두 번 설명하지 않고 한 번만 한다. 설명을 놓치면 청개구리 제자들은 그제야 잘 듣기 위해 집중한다.

**미션4  쉬는 시간 동안 앞에 서 있기**

수업이 끝난 후에도 교실 앞에 서 있으면 아이들은 소리 지르고 뛰어다니다가도 순간 서늘한 교실 분위기를 감지하고 슬슬 눈치를 보기 시작한다. 이때 교사는 표정을 끝까지 유지해야 한다. 교사가 화가 난 것 같기도 하고 아닌 것 같기도 한 묘한 분위기를 계속 풍기면 아이들은 조금 더 빨리 자리에 앉는다. 때론 눈치 빠른 아이가 주변 친구들에게 자리에 앉자고 할 수 있는데 그런 경우엔 조용히 하도록 신호를 준다. 스스로 자리에 앉는 연습에 방해되기 때문이다.

## 미션5 마무리로 말랑한 카리스마 보여주기

아이들이 알아서 제자리에 앉아주어 고맙다고 표현한다. "아깐 너무 시끄러워서 수업할 상황이 아니었는데 너희가 재빨리 자리에 앉아주어서 고마웠어."

교사가 화를 낸 게 아님을 다시 한번 말해준다. "선생님은 너희를 존중해. 그래서 믿고 기다린 거야."

조금은 단호하게 서로가 존중해야 함을 알린다. 수업 분위기는 모두가 함께 만들어야 한다는 것이 핵심 메시지다. "선생님이 너희를 존중하듯 너희도 선생님을 존중해줘. 만일 다음에도 너희가 빨리 수업 준비를 하지 않으면 선생님은 어떻게 해야 할까? 너희 의견은 어떤지 한번 생각하고 말해보렴."

이 미션대로 하면 정말 아이들이 알아서 자리에 앉아 수업을 준비할까 의문이 드나요? 차라리 화를 내고 벌점을 주는 게 낫지 않을까 싶은가요?

애석하게도, 시간이 지날수록 선생님에게 학급 운영 노하우가 쌓이는 것처럼 아이들에게도 조금씩 선생님을 대하는 노하우가 쌓입니다. 자기들이 잘못하면 선생님의 목소리가 커지고 점차 잘못에 대한 처벌도 생기는데, 그 기준이 되는 선을 파악하고 공식처럼 외우게 되는 거죠. 그래서 잘하는 듯 마는 듯, 애매하게 굴면서 오히려 선생님과의 관계에서 주도권을 쥐려고 합니다.

그래서 의외의 방법으로 다가가는 겁니다. 속 감추기를 하면 아이들은 분명 선생님이 화를 낼 상황인데 화가 난 건지 아닌지 도통 감을 잡지 못합니다. 그러면 아이들은 자연스레 지금 뭘 잘못하고 있는지 확인하고 어떤 행동을 해야 하는지 돌아보게 됩니다.

**부드러우나 단호하게, 설명은 하지만 잔소리는 뚝.**

이것이 말랑한 카리스마입니다. 아이들이 '뭐지? 혼내지 않네? 아닌가? 지금 화나신 걸까?' 등 여러 생각을 스스로 하게 하고, 우당탕탕 장난치던 걸 스스로 멈추게 하세요. 이 방법이 고학년에게만 적용할 수 있다고 생각할지 모르나 저학년도 가능합니다. 오히려 이 방법은 저학년에서 더 효과를 볼 수 있습니다.

화를 내면 잘못에 대한 벌로 느껴지지만 부드럽게 말하면 잘못을 깨우치게 되지요. 다만, 또 너무 친절해서는 안 됩니다. 과잉 친절은 의무를 잊게 하고 권리만 주장하여 자신의 역할이 무엇인지 제대로 인식하지 못하게 하니까요.

교사의 역할이 어려운 시대입니다. 하지만 아이들 앞에 서 있는 교사는 이것만큼은 절대 봐줄 수 없다는 원칙이 있어야 합니다. 학부모에게도, 아이들한테도 변명의 여지가 없는 것들은 단호히 대응해 교사의 권위를 되찾아야 합니다. 아이들의 몸에 학급 규칙과 학교생활 기본 수칙들이 습관처럼 체화되면 자연스럽게 교사의 권위가 올라갑니다. 때론 단호함을 보여주어 '우리 선생님은 이것만큼은 절대 안 되는구나'를 깨닫게 해주세요.

**Q** 자꾸만 미워지는 아이가 있어요.
어쩌면 좋죠?

미워하는 감정은 그저 내 안에서 일어나는 수많은 감정 중 하나일 뿐이죠. 교사도 사람입니다. 여러 가지 일로 교사를 자꾸 흔들어서 힘들게 하는데 당연히 미운 감정이 들 수 있습니다.

일단 자책은 멈추세요. 그리고 아이에게 티 내지 말고 좀 미워해봐요. 충분히 마음으로 밀어내다 보면 어느 순간엔 그 아이가 대체 왜 그럴까 궁금해집니다. 그러면 미움이란 감정이 조금 옅어지면서 오히려 그 아이를 알고 싶고 봐주고 싶은 감정이 생겨납니다.

대하기 힘든 아이를 처음부터 무조건 사랑하고 끌어안으려 한다면 오히려 미운 감정이 줄어들지 않습니다. 미워하는 마음을 티 낼 수 없지만 충분히 받아들이고 많이 생각해보세요. '교사가 이래도 되나?' 하는 생각보단 '이 아이는 왜 이럴까?'를 생각하며 조금씩 아이를 받아들이면 미움이 어느새 이해와 인정, 관용에게 자리를 내어줄 것입니다.

마음을
활짝 여는
진심 시간

눈치채지 못하게 한다.
클릭 한 번만 한다.
살짝 몸을 흔든다.
고개만 끄덕인다.

지금 뭘 하냐고요? 사춘기 제자와 친해지는 '진심 시간'을 보내는 중이에요.

교직에 있을 때, 동료 선생님들이 어떻게 하면 아이들이랑 친하게 잘 지낼 수 있냐고 물어 오면 저는 '진심 시간' 방법을 알려주곤 했습니다. 이건 아주 간단하지만 꽤 요긴한 저만의 비법이에요. 점심시간을 활용해 아이들에게 진심으로 다가가는 일이죠.

대부분의 아이들은 아침을 대충 먹거나 거르고 옵니다. 그래서 4교시 수업이 끝나면 점심을 먹는다기보단 거의 마시듯이 뚝딱 해치우곤 합니다. 그러고 나선 복도를 배회하며 신나게 놀아요.

복도는 한마디로 아수라장입니다. 잘 놀다가 갑자기 선생님에게 달려와서는 누가 자신을 노려보았다며 하소연하고, 지나가는데 팔을 휘두르는 아이에게 맞았다고 울고, 오늘 수업이 조금 늦게 끝나서 쉬는 시간에 실컷 못 놀았다며 툴툴거리고……. 복도는 그야말로 아이들에게 억울함을 양산하는 특별한 공간이라도 되는 듯하지요.

저는 아이들이 점심을 먹고 난 후 복도에서 신나게 놀 때 교실 안이나 교무실에만 있지 않습니다. 아이들이 신나게 놀고 있는 복도를 유심히 살펴요. 특히 평소 여러 사정 때문에 신경을 써야 하는 아이가 있다면 더 눈길을 줍니다.

만일 그 아이가 복도에서 아이들과 못 어울리거나 문제적 행동을 보이면 저는 즉시 음악을 크게 틀어놓고 지긋이 쳐다

보며 반응을 봅니다. 아이가 고개를 돌리면 1차 작전 성공이에요. 그다음 제가 먼저 아주 즐겁다는 듯이 고개를 끄덕이고 몸을 살짝살짝 흔듭니다. 이러면 바로 호기심을 가지고 바라보는 아이도 있고 그냥 시선을 돌려버리는 아이도 있습니다. 그렇게 외면하는 아이도 한 번에 포기하지 않는 게 담임선생님이지요. 점심시간마다 계속해서 음악을 틀고 춤을 추며 흥미를 불러일으킵니다.

아이가 뮤직비디오를 좋아하면 뮤직비디오도 보여주고 소리도 더 크게 틀어줍니다. 아이는 별 반응이 없을 수도 있어요. 하지만 마음은 조금씩 열리고 있답니다. 반 친구들과 같이 이 노래를 들으며 즐거운 점심시간을 보냅니다. 이러다 보면 점심시간이 진심을 전하는 진심 시간이 되어가지요.

이때 조심해야 할 포인트! 너무 성급하게 친해졌다고 믿고 아이의 마음을 강제로 열려고 하지 마세요. 아직 마음을 열 준비가 되지 않은 아이에겐 부담이 될 수 있습니다. 그래서 저는 하루는 진심 시간을 가지고, 그다음 날엔 학급 업무를 보며 저만의 시간을 갖습니다. 오늘도 함께 음악을 들으려나 궁금했던 아이는 바쁜 선생님을 보며 기다림을 배우고 또 내일의 진심 시간을 기대하게 됩니다.

느릿하게 반응하던 아이도 진심 시간이 지속될수록 점점 더 빨리 관심을 보입니다. 드디어 진심이 열리는 '열려라 참깨, 열려라 진심'이 시작된 거죠. 그렇게 2주 정도 시간이 지나면 학급에서 심부름할 일이 생겼을 때 그 아이한테 다가가 "부탁이 있는데, 옆 반 선생님께 이걸 가져다드려야 하거든. 지금 가능하니?" 하고 부탁하는 것처럼 얘기합니다. 마음이 활짝 열린 아이는 선생님의 부탁을 기뻐하며 받아줄 거예요.

이렇게 진심 시간은 날로 무르익습니다. 제가 했던 진심 시간 방법을 다음과 같이 따라 해보세요.

### 마음을 활짝 여는 진심 시간

1. 3월이 지나고 4월부터 점심시간에 노래를 신청받는다. 신청 횟수는 주 1회로 제한한다. 2학기라면 정신 없이 바쁜 9월이 지나 10월부터 노래를 신청받는다.

2. 노래 신청을 받기 위해 다양한 색깔의 메모지를 준비한다.

3. 노래를 신청할 때는 이 노래를 왜 좋아하는지 쓰게 한다.

4. 노래 신청함을 교실에 배치한다. 그리고 아이들이 알아서 신청 메모지를 넣게 한다.

5. 4월에는 사연을 교사가 직접 읽어주고 5월부터는 학생들이 돌아가며 읽도록 한다.

6. 여러 신청곡 중에서 선곡하는 역할은 되도록 다소 소극적인 학생에게 맡긴다. 말하지 않고 노래만 찾는 것이므로

충분히 참여할 수 있기 때문이다.

7. 좋은 말을 하는 것보다 좋은 음악을 같이 들으면 교사와
아이들의 마음이 더 잘 통한다.

진심은 특별하지 않습니다. 진심은 꾸미지 않아도 됩니다. '네 마음을 존중하니 조금만 마음을 열어줄래?'라는 담임교사의 따뜻한 시선이 필요할 뿐입니다.

> **Q** 점심시간에 친구들끼리 놀다 보면 불협화음이 생기는데
> 교사는 이때 어떤 마음가짐이 필요할까요?

아이들끼리 갈등이 생겨 싸우고 절교한다고 선포했다가 다시
화해하고 함께 노는 건 자연스러운 일입니다.

아이들 사이에서 의견 충돌이 일어났을 때 풀어가도록 도와
주는 게 교육입니다. 그리고 그건 아이들이 바르게 성장하는 과
정이기도 합니다.

우리 반은 절대로 아무 일도 일어나지 않아야 한다는 생각으
로 모든 불협화음을 없애려 들지 마세요. 이는 교사의 생활지도
에 부담이 될 뿐입니다. 아직 일어나지 않은 내일의 일 때문에
오늘을 고심하며 아이들을 윽박지르기보단 여유로운 마음으로
운동장에서 뛰어노는 아이들을 바라봐주는 것 역시 생활지도
입니다. 딱 적정한 때에 관심을 보여주는 것이 교사의 배려입니
다.

## 말과 행동이
## 거친
## 아이

개학 날, 학급 명부를 들고 교실로 갈 때 마음이 어떤가요? 대부분은 아무 일 없이 1년이 지나가 길 바라는 마음일 겁니다. 그렇게 걱정을 꾹꾹 누르며 아이들과 한 명씩 눈을 맞추다 보면 마음이 미묘하게 복잡해집니다. 생활기록부엔 모두 훌륭한 어린이들이라 적혀 있지만, 분명 한해 동안 날 엄청 고생시킬 것 같은 아이가 보이기 때문입니다.

말과 행동이 거친 아이들은 수업 분위기를 흐리고 교사의 권위를 무시하며, 학교생활에 잘 참여하는 다른 아이들에게도 피해를 줍니다. 그리고 다 그런 건 아니지만 대개의 경우, 이 아이들의 학부모님들과 연락이 안 될 때가 많습니다.

새 학년 학기 초부터 이러면 '내가 왜 이 학년을 선택했을까?' 하는 후회와 함께 1년이 30년처럼 느껴지기 시작합니다.

그래도 마음을 달리 먹고 지레 포기하지 마세요. 누구에게나 기억에 진하게 남는 진정한 스승이 되라는 말은 아닙니다. 그렇게 되면 더없이 좋겠지만, 일단은 나의 학급 아이들은 나에게 지금 이 시기에 꼭 알아야 하는 것들을 배우러 온 것임을 인지하라는 겁니다. 최소한 나를 만나서 한 가지는 완벽히 배워 체득하고 다음 학년으로 올라가게 해야 합니다.

문제적 행동을 하는 아이한테 집중하다 보면 다른 아이들에게 소홀해질 수 있습니다. 그러므로 말과 행동이 거친 아이를 완벽히 새사람으로 만들겠다는 마음은 잠시 접어두세요. 그보다는 해야 할 일 중 가장 중요한 수업에 집중해야 합니다. 그들은 수업 시간에도 당연히 수업을 방해하는 행동을 할 거예요. 그래도 얼굴에 평정심을 유지하면서 수업을 진행해야 합니다.

학기 초에는 교실로 옮겨야 할 준비물이 많습니다. 이때 말과 행동이 거친 아이와 다른 아이를 2명 정도 더 데리고 갑니다. 그리고 준비물을 옮기며 일상적인 이야기를 합니다.

"어제 나온 신곡 들어봤니?"

"선생님은 아이가 두 명인데 넌 형제가 몇 명이니?"

"오늘 따뜻할 줄 알고 얇게 입었는데 좀 춥다. 넌 안 추워?"

이렇게 '교사'를 주제로 잡아서 아이가 본인의 이야기를 먼저 하지 않아도 되는 상황을 만들어주세요. 말을 거부하거나 부정적인 아이한테는 '나'로부터 시작하는 대화를 해야 아이에게서 반응을 끌어낼 수 있습니다. 준비물을 다 옮기고 나면 도와준 아이들에게 과자를 나누어주고 함께 먹습니다.

평소 말과 행동이 거친 아이들은 타인과 편하게 대화하는 경험이 필요합니다. 따로 불러서 이야기하는 것보다 준비물을 옮기면서, 또는 급식실로 가는 짧은 시간 등 자투리 시간을 이용하여 자연스럽게 말을 붙여보세요.

점심시간에는 아이들이 노는 틈에 들어가 교사와 다른 친구들이 즐겁게 노는 모습도 보여줍니다. 선생님이 먼저 다가와 즐겁게 놀고 점심시간이 끝났을 때 후련하게 자리를 털고 일어나는 모습을 보면 말과 행동이 거친 아이도 슬슬 무엇이 학급 규칙인지 인지하게 됩니다. 그리고 선생님에게도 조금씩 관심을 가지기 시작합니다.

말과 행동이 거친 아이는 사랑과 관심을 충분히 받지 못해서 부정적인 감정과 행동에 익숙해 있습니다. 부정적 감정을 쏟아내는 데도 습관이 들어 있지요. 감정 통장에 긍정적인 감정보다 부정적인 감정이 더 많이 담겨 있기 때문입니다. 그래서 아이의 감정 통장에 긍정적 감정을 더 많이 넣어줘야 합니다.

부단한 인내심이 필요한 과정이죠. 하지만 교사도 이 과정을 통해 아이들을 다루는 능력이 늘어납니다. 한 번에 얻어지는 교육 스킬은 없습니다. 특히나 아이들의 마음을 여는 일은 더욱 많은 시간이 필요하지요. 하지만 아이들이 먼저 선생님에게 관심을 가지고 자기 안에 담긴 부정적 감정을 스스로 털어내게 하려면 사소한 일상의 대화로 다가가 조금씩 변화를 이끌어야 합니다.

저 아이를 내가 가르치고야 말겠다는 마음이 아직도 있나요? 그보다는 나와 맞지 않는 친구를 만나게 되었다는 마음을 가져보세요.

말과 행동이 거친 학생을 방과후에 홀로 남겨서 상담하기보다는 사소한 말 한마디로 거리부터 좁혀갑시다. 저는 일상에서 아이들과 나누는 대화 한마디가 가진 힘을 경험하며 어떤 교육 방법보다 공감대 형성이 가장 중요함을 실감했습니다. 너무 의식하면 교사도 아이도 어색하므로 자연스럽고 가벼운 인사로 '학교생활을 잘할 수 있을까' 하고 걱정하는 아이와 한 학기를 시작해봐요.

**Q** 교사의 사랑을 온전히 받기 위해
일부러 반대로 행동하는 아이도 있습니다.
이럴 땐 어떻게 반응해야 할까요?

관심을 달라는 애절한 눈빛을 띠는 저학년 아이들이 종종 있어요. 그러면서 행동은 혼날 짓만 하고 뜻대로 되지 않으면 감정을 막 쏟아내는 걸 보셨을 거예요.

이럴 땐 힘들더라도 모른 척해야 합니다. 그리고 그 옆에 있는 아이에게 가서 다정하게 말합니다. 교사의 친절은 떼를 써야 얻는 게 아니라는 걸 눈으로 보게 하는 거죠. 부정적인 행동으로는 교사의 관심을 얻을 수 없다는 걸 알려주고 다른 친구를 보면서 자신을 객관화하는 경험을 시켜주는 겁니다.

문제 행동을 하는 아이가 관심을 얻기 위해 조금만 잘해도 과하게 칭찬해주는 선생님들도 있습니다. 이런 아이들은 잘하다가도 긴장이 풀어지면 바로 예전 습관이 튀어나옵니다. 그래서 교사는 내가 칭찬도 해줬는데 다시 예전처럼 나쁘게 행동한다며 낙담하게 됩니다.

따라서 칭찬과 보상은 과하지 않게, 누가 봐도 정당하게 해야 합니다. 그래야 아이 스스로 행동 기준을 잡아갈 수 있습니다.

■ ◆ ■

아이들
틈에 들어가
다툼을 예방하세요

수업하러 온 건지, 싸움을 말리러 온 건지…… 선
생님들은 아이들의 싸움을 해결하느라 눈코 뜰
새가 없습니다. 특히나 점심시간이 끝나기 전에
는 씩씩대면서 선생님을 찾는 애들이 꼭 있을
정도죠. 매일 누가 더 잘못했는지 알려달라는
민원이 밀려듭니다.

"주먹으로 제 옆구리 때리고 갔어요!"

"맨날 저를 째려보고 지나가요! 짜증 나요!"

"쟤가 자꾸 축구 못 하게 공을 멀리 차버려요!"

왜 점심시간에 아이들끼리 싸우는 일이 잦을까요? 그건 아이들이 점심시간을 너무나도 좋아하기 때문입니다.

점심시간이 다가오면 아이들의 집중력이 훅 떨어집니다. 시계만 쳐다보며 언제 수업이 끝나나 카운트다운을 마음속으로 하는 게 선생님 눈에도 보이죠. 정해진 수업 시간이 끝나고 조금이라도 지체하면 엉덩이가 들썩이고 당장에라도 교실을 박차고 달려갈 기세로 그야말로 안절부절못합니다.

급식을 거의 마시는 수준으로 해결한 후 운동장으로 모인 아이들은 간절한 만큼 활동을 격하게 합니다. 남학생의 경우에는 다툼이 비일비재합니다. 서로 몸을 부대끼다가 힘을 주체하지 못해서 다치는 애들도 나오고 그 때문에 언성을 높이며 싸우죠. 여학생들도 별반 다르지 않습니다. 각 무리의 아지트가 되는 운동장 한구석의 공간을 선점하는 문제로, 또는 놀이를 하면서 규칙과 반칙 문제로 의견 충돌이 일어납니다.

같은 반 친구끼리는 학급 규칙을 공유하고 있고 감정 정리에 필요한 시공간이 충분하기에 대체로 싸웠다가도 화해하고 잘 지내는 편입니다. 그러나 같은 학년의 다른 학급 친구는 이런 공통점이 없기도 하고 한번 싸우면 제대로 감정을 정리하기 어려워 다시 다툼이 일어나기 쉽습니다.

결국 해결 방법은 다툼이 생겼을 때 화해하기보다 다툼을 미리 막는 데 있습니다. 100% 완벽하진 않아도 같은 학년 사이에서 일어나는 다툼을 줄이는 방법이 있습니다. 교사가 급식실에서 점심을 먹고 교실로 올라오면서 할 수 있는 아주 간단한 방법입니다.

### 운동장에서 다툼을 막는 방법

1. 교사는 아이들이 잘 볼 수 있는 스탠드에 자리를 잡고 앉는다.
2. 눈이 마주치는 아이가 있다면 손을 흔들어 인사한다.
3. 운동 경기를 하는 아이들에겐 박수도 쳐주고 엄지도 들어 보이며 응원을 보낸다.
4. 가장 활동적인 아이에게 손을 흔들어 잘하고 있다고 응원을 보내면 책임감이 생겨서 규칙을 더 잘 지키려고 한다.
5. 처음 한 주는 10분 동안 지켜봐야 하지만 그다음 주부터는 5분만 서 있어도 된다.

### 실내에서 다툼을 막는 방법

1. 점심을 먹고 교실에 올라오면서 여학생들이 놀 만한 장소

를 꼭 거쳐 간다.

2. 놀고 있는 아이들 곁에 앉아서 무슨 게임을 하는지 3분 정도 대화한다.

3. 아이들이 무엇을 좋아하는지 어떤 친구들이 잘 어울리는지 관찰한다.

4. 교사도 시간이 된다면 5분 정도 같이 놀아준다.

5. 서로를 대하는 태도를 보면서 평소 교실 밖에서 어떻게 행동하는지 관찰한다. 의외로 아이들은 교실 안팎에서의 모습이 다를 때가 많다. 아이들 간의 관계를 파악해두면 생활지도가 수월해진다. 또 교실에서 상담하는 것보다 상담 효과가 훨씬 좋다.

점심시간마다 아이들이 노는 곳을 둘러보거나 운동 경기를 응원하면 아이들과 가까워질 수 있습니다. 또 아이들 사이에 부정적인 감정이 깊어지기 전에 그 자리에서 선생님이 풀어주기에 다툼도 줄어듭니다. 학년 전체 아이들의 동향을 파악하여 학교폭력을 방지할 수도 있고요. 같은 학년 교사들과 구역을 나누어 순회하면서 교실로 걸어오면 많은 시간을 들이지 않아도 생활지도를 할 수 있습니다.

교사가 먼저 다가가면 아이들은 마음을 쉽게 열어주고 동시에 특별한 유대감도 쌓게 됩니다. '우린 선생님과 점심시간에 같이 있었고 같이 놀았다'라는 공감대가 한몫한 셈입니다.

시간이 지나면 아이들이 먼저 어디에서 무얼 하고 놀지 교사에게 말해주기도 합니다. 그리고 다투지 않고 잘 지낸다고 말해주기도 합니다. 교사와 아이들 사이의 탄탄한 신뢰는 아이들 사이에 일어나는 문제도 건강하게 풀어가려는 의지를 키워줍니다. 다른 반 친구들과 문제가 생겨도 자기주장만 하지 않고 늘 주변에 있는 교사를 믿고 대화로 잘 풀어가려는 모습을 보입니다.

이처럼 아이들이 가장 즐거워하는 시간(점심시간)과 공간(운동장, 복도)으로 교사가 들어가면 도덕 시간에 왜 싸우면 안 되는지 한참 설명하는 것보다 더 효과적으로 다툼을 줄일 수 있습니다.

교육은 지식을 전달하는 역할도 있지만 인간 대 인간으로서 감정을 공유하며 성숙하게 성장하도록 북돋아주는 역할도 합니다. 그 점을 기억하면서 급식을 먹고 교실로 올라오는 시간을 잘 활용하여 아이들에게 먼저 다가가 함께 놀아보세요.

**Q** 선배님은 마음을 털어내고 싶을 때
어떻게 하나요?

최근 「로봇 드림」이란 영화를 봤습니다. 이 영화는 반드시 저 사람이어야 한다는 요소에서 벗어나 나랑 잘 맞는 사람, 소중한 사람이 누구인지를 찾아가는 영화입니다. 이 영화를 보면서 복잡한 생각을 털어버리고, 인생에서 가장 소중한 것은 '나'이며 나를 중심으로 펼쳐지는 세상에서 어떻게 살 것인지 인생을 청소하는 방법을 알게 되었어요.

　영화나 책을 보면서 마음을 가볍게 털어내보세요. 혹시 여러분에겐 그런 영화나 책이 있었나요?

## 스스로 규칙을 만드는 도구 없는 놀이

부모의 지대한 관심과 담임교사의 세심한 지도 하에, 거의 양육 수준에 가까운 교육이 학교에서 이루어지고 있습니다. 그러다 보니 아이들은 스스로 생각하고 결정하기보다는 다음엔 어떻게 해야 하는지 어른들에게 계속 물어봅니다. 창의적인 체험활동 시간에도 교사가 완벽하게 준비해야 아이들은 흥미를 느끼며 역할을 해나갑니다. 때론 노는 것조차도 뭘 해야 더 많은 아이들이 다 함께 어울려 놀 수 있는지도 헷갈려 하지요.

잘 갖추어진 환경이어야 움직이고 참여하는 이 아이들에게 매번 도구를 준비해줘야 할까요? 놀이 도구 없이도 배려를 알아갈 수 있는, 소극적인 아이까지 전부 참여할 수 있는, 모두가 즐거운 놀이가 없을까요?

당연히 있습니다. 도구 없는 교실을 만들어보세요.

## 놀이 도구 없는 교실로의 변화

1. 도구 없는 놀이를 처음 접한 아이들의 반응

- 점차 놀이 자체에 흥미를 잃는다.
- 서로 다양하게 어울리기보다 친한 친구들과만 놀려고 한다.
- 도구 없는 놀이를 잘하는 아이와 못하는 아이가 명확히 나뉜다.
- 어릴 때부터 도구를 쓰는 놀이에 익숙한 아이들은 불안해하기도 한다.
- 몇몇 아이들이 좋아하는 놀이만 하거나 교실에 있던 놀이 도구를 다시 쓰려고 한다.
- 도구 없는 놀이를 생각하라고 시간을 줘도 뭘 할지 방향을 잡지 못하고 서로 쳐다보며 웃기만 한다.

2. 도구 없는 놀이에 익숙해진 아이들의 반응

- 아이들의 표정이 밝아진다.

- 특정 친구와 놀기보다 학급 전체가 잘 어울린다.
- 시간이 주어지면 무엇을 함께하면 되는지 금방 생각해낸다.
- 도구 없이도 잘 노는 아이와 그렇지 못한 아이의 구분이 없어진다.
- 교실, 복도, 운동장 등 공간에 상관없이 어디서든 금방 놀이를 시작한다.
- 배려하는 문화가 정착되고 학급 공동체 의식이 함양되며 교실 내 폭력이 줄어든다.
- 못하는 친구에게 괜찮다며 격려해주고 서로를 이해하게 된다.


## 놀이 도구 없는 교실에서 아이들과 놀기

1. 처음에는 10분을 주고 도구 없이 학급 전체가 함께 놀아보라는 미션을 준다.
2. 아이들은 어떤 놀이를 해야 하는지 선생님에게 계속 질문하겠지만, 절대 힌트를 주지 말고 스스로 놀이를 만들도록 기다려준다.
3. 아이들은 가위바위보, 스무고개, 퀴즈 등 간단한 놀이부터 시작할 것이다. 이때 아이들이 하는 대로 두고 10분을 기다린다.

4. 창체 시간을 통해 주 1회씩 도구 없는 놀이가 계속된다는 것을 알린다. 그러면 아이들은 다양한 매체를 보며 흥미로운 놀이를 준비하기 시작한다.

5. 다음에 할 놀이를 집에서 준비해 오거나 쉬는 시간에 모둠별로 의논하는 분위기를 형성한다.

6. 처음엔 모둠별로 놀이를 진행하다가 학급 전체 회의를 통해 가장 흥미로운 모둠의 놀이를 학급 전체가 하도록 유도한다. 이때 약간의 의견 차이로 소란스러워도 알아서 규율을 만들게 한다.

7. 처음 3개월은 교실 놀이만 하고 익숙해지면 운동장이나 교내의 특별실도 이용한다.

8. 책상을 밀고 의자를 원 모양으로 놓고 앉아서 하거나, 돗자리를 깔고 바닥에 앉는 형태, 책상을 'ㄷ' 자 모양 혹은 'ㅁ' 자 모양으로 배열하는 등 다양하게 설정하게 한다.

9. 놀이 중 친구가 실수했을 때 주변 친구들이 "괜찮아, 천천히 해도 돼"라고 말하도록 지도한다. 이 규칙이 지켜지지 않으면 모든 놀이를 바로 중단한다. 서로 비난하고 상처받는 일이 없어야 하기 때문이다. 팀별 게임도 아니고, 학급 전체가 참여하여 득점하는 게임도 아니므로 '나 때문에 졌어'라고 생각하는 아이는 없다.

예전에 맡았던 아이들은 책상을 벽 쪽으로 밀고 둥글게 원 모양으로 의자를 놓고 앉아 지우개 한 개를 전달하는 놀이를 하더군요. 지우개를 몰래몰래 전달하다가 어느 순간 멈추면 술래가 지우개를 가지고 있는 친구를 찾는 것이었어요. 이렇게 한번 놀고 나니 다음엔 쪽지 돌리기도 하고 술래를 여러 명으로 뽑기도 하며 스스로 새로운 놀이 방법을 만들어갔습니다.

공부량은 점점 늘어나는데 마음 놓고 놀 공간조차 없는 우리 아이들에게 스스로 만든 놀이로 창의성을 키우고 서로를 알아갈 시간을 주세요. 이 역시 세상을 살아가고 행복을 찾는 공부입니다. 놀이할 때 일어나는 불협화음도 아이들이 해결해야 할 몫으로 남겨두어야 합니다.

도구 없는 놀이를 할 때마다 5분 정도 교사도 놀이에 참여합니다. 교사도 같이하면 아이들은 비난하는 말을 자제하려고 노력합니다. 40분의 인성 수업보다 훨씬 더 좋은 효과를 얻을 수 있습니다. 이때 교사는 반드시 아이들이 노는 모습을 보면서 같이 즐기고 웃으며 반응해야 합니다.

"친하게 잘 지내라, 싸우지 말고 배려해라, 같은 반 친구끼리 서로 이해해라"와 같은 잔소리 없이도 생활지도의 효과를 톡

톡히 볼 수 있습니다.

　도구 없는 놀이가 정착되려면 한 달의 시간이 필요합니다. 놀이 초창기엔 아이들끼리 다툼이 잦을 겁니다. 하지만 너무 직접적으로 다툼에 관여하지 않도록 인내심을 가지세요. 감정 도 자정 능력이 있어야 합니다. 부정적 감정이 스스로 정화되 려면 시간이 필요합니다. 이 시간 동안 교사는 인내심을 가지 고 아이들을 기다려주어야 합니다. 때론 기다려주는 것도 교육 입니다.

**Q** 아이들이 도구 없는 놀이를 할 때,
교사가 언제 놀이에 참여하고 빠져야 할까요?

가장 완벽한 시기는 불협화음을 지나 합일점을 찾아갈 때입니다. 어떤 놀이를 어떤 규칙으로 할지 의견을 나누는 중에는 참여하지 마시고 참관만 합니다. 그런 다음 놀이가 시작되고 학급 아이들 전체가 놀이에 관심을 가지며 여기저기에서 웃음소리가 날 때 교사도 놀이에 참여합니다. 가장 재미있을 때 참여해서 놀이의 피크타임을 만들어주는 역할을 해주는 거지요.

그저 관찰자로 바라만 보다가 문제가 생겼을 때 끼어들기보다는 가장 재미있을 때 같이 놀며 웃고 떠들어주세요. 교사가 놀이를 잘 못 해도 괜찮습니다. 오히려 완벽함을 버려야 아이들의 융통성이 자랍니다.

# 말을 멈추지 못하는
## 아이를 대하는
### 솔루션

정해진 수업 시간 안에 진도도 나가야 하고 학급 전체 수업 목표에 맞는 활동도 해나가야 하는데, 자꾸 자기 하고 싶은 말을 하며 방해하는 아이가 있다면 마음이 얼마나 급해질까요? 그렇다고 말을 멈추게 하면 아이 기를 죽이는 것 같고 그냥 두면 수업이 계속 늦어지지요. 이럴 때 어떻게 할까요?

## 교사의 말 중간에 끼어드는 다양한 상황들

1. 준비물을 설명할 때: 끝까지 듣지 않고 중간에 자신이 생각한 것을 말하며 가지고 와도 되냐고 되묻는다.

2. 모둠별 활동을 설명할 때: 활동 순서를 설명하는데 다른 방법으로 해도 되냐고 질문하며 다른 아이들도 설명을 못 듣게 혼자 이야기한다.

3. 야외 학습을 예고할 때: 날씨 상황에 따라 어떻게 준비하면 되는지 설명하려는데 비가 오면 어떻게 하냐고 앞질러 물어서 교사가 순서대로 해야 할 말을 가로챈다.

4. 친구가 발표할 때: 친구의 발표를 끝까지 듣지 않고 중간에 참견하며 발표하는 친구가 조리 있게 말하는 걸 방해한다.

5. 친구의 의견과 반대일 때: 자신의 의견이 옳다고 끝까지 고집하며 의견이 다른 친구의 말을 듣지 않는다.

6. 수업 도입부에 교사가 학습활동 준비물을 보여주며 설명할 때: 먼저 준비물을 들고 무엇에 쓰는 건지 질문하며 자신이 이전에 했던 학습활동을 앞질러 말한다.

7. 교사가 지명하지 않아도 말할 때: 발표할 상황이 아닌데 갑자기 손을 들면서 하고 싶은 말을 다 한다.

## 아무때나 말하는 아이를 멈추게 하는 솔루션

1. 학기 초에 전체 학급 아이들을 대상으로 수업 중 발표하

고 싶거나 의견이 있다면 우선 교사가 "궁금한 거 있니?" 하고 물을 때 손을 들고, 호명이 되면 말하게 한다. 또한 되도록 교사의 말 중간에 끼어들지 않아야 함을 설명한다.

2. 자기 의견을 야무지게 말하는 아이의 의욕적인 학습 참여 태도에 대해서는 칭찬한다. 이때 그냥 잘한다는 말보다 구체적으로 무엇을 잘한 건지 정확히 칭찬한다. 구체적인 칭찬을 받아야 자신의 의견이 인정받았다고 느끼기에 지식을 뽐내고 싶은 욕구가 채워진다.

3. 발표를 많이 하는 아이들은 호기심이 많고 지적 욕구도 높으며 인정 욕구도 높은 경향이 있다. 따라서 수업 중 그 아이를 쳐다보며 눈으로 '넌 알고 있구나' 하는 눈빛을 보내도록 한다.

4. 중간에 자꾸 끼어드는 아이는 첫 번째로 발표시키기보다 다른 아이가 먼저 발표한 다음에 시킨다. 다른 사람의 말을 듣는 연습이 필요하기 때문이다.

5. 다른 사람이 발표하고 난 후 그 의견에 대해서 어떻게 생각하는지 물어본다. 발표에 대한 자부심이 있으므로 이렇게 물어보면 다른 사람의 말을 잘 들으려고 노력한다.

6. 점심시간이나 쉬는 시간에 가까이 다가가 먼저 말을 걸어 주고 새로운 이슈에 대해 대화를 나누며 말하고 싶은 욕구를 채워준다.

7. 말을 조절하는 연습은 단기간에 훈련되지 않는다. 수업 중 아이와 눈을 자주 맞추며 지금 잘 참여하고 있다는 시그널을 보내주어야 한다. 이런 경험이 쌓이면 교사의 인정을 받았다는 생각에 조급하게 말하려는 마음을 조금씩 늦추게 된다.

8. 그래도 자꾸만 말을 하려고 조급해하는 움직임이 보인다면 손을 들어 멈추라는 사인을 보낸다. 손동작을 본 아이는 잠시 후 말할 기회가 주어진다는 것을 알게 된다.


말하지 못하게 억누르다 보면 교사와 아이의 신경전이 이어지고 결국 학급 전체 분위기가 가라앉게 됩니다. 너무 다양한 방법을 시도하기보단 제가 앞서 제시한 것들 중 자주 눈 맞추기, 구체적인 칭찬, 멈춤 시그널 보내기, 쉬는 시간에 새로운 이슈로 대화하기 등을 시도해보세요. 말 많은 아이와 호흡을 맞추는 연습이 될 것입니다.

결국 자꾸만 말하려는 아이의 심리란 누군가에게 인정받고 싶고 누군가 자신의 이야기를 들어줬으면 하는 바람일 것입니다. 어떻게 언제 말해야 하는지를 제대로 배운다면 원래 말하기 좋아하는 아이이므로 타인과의 관계를 잘 풀어가는 장점이 될 수 있습니다.

**Q** 유난히 산만하고 수업을 엉망으로 만드는 아이를
순간적으로 통제할 방법이 있을까요?

한 명이 산만한데 학급 전체가 같이 통제받는다면 학급 아이들은 기가 죽거나 수업 분위기도 자칫 엄숙해질 수 있어요.

이럴 때는 교사가 평정심을 찾기 위해 산만한 아이 가까이 가도록 합니다. 그리고 아이에게 등을 지고 다른 아이들을 향해 섭니다. 이러면 아이는 혼나진 않았지만 예기치 못한 교사의 반응에 순간 멈칫하게 됩니다. 매번 자신이 잘못하고 있다는 것을 알지만 그렇다고 혼나고 싶진 않거든요. 그래서 해당 아이를 등진 자세로 2~3분 정도만 서 있으면 아이는 조금 수그러집니다.

중요한 건 아이보다 교사가 평정심을 찾는 것입니다. 교사부터 차분하게 대처해야 산만한 아이도 조금씩 진정할 수 있습니다. 괜히 고압적인 말투로 아이를 안정시키려 하면 오히려 아이를 더 자극할 수도 있어요. 때론 차분한 행동으로 보여주는 게 더 효과적일 때가 있습니다. 단, 이 방법은 너무 자주 사용하면 아이가 별 반응을 안 할 수도 있으므로 가끔 사용해야 합니다.

# 속도가 다른
# 아이들을 위한
# 모둠별 수업 계획

"아니요. 아직 못 했어요."

"재미있어요. 다음 시간에 또 해요."

"다 했어요. 다음엔 뭐 하면 돼요?"

"안 하면 안 돼요? 어려워서 하기 싫어요."

생각과 활동 속도가 저마다인 아이들을 이끌고 정해진 범위의 진도를 나가는 일, 정말 어렵죠? 학습활동이 더딘 아이와 빠른 아이는 정말 다릅니다.

## 학습활동이 더딘 아이의 특징

- 몸의 움직임이 거의 없다.
- 친구가 가르쳐준다고 하면 거부한다.
- 친구들의 활동에 관심을 가지지 않는다.
- 학습 용구가 제대로 갖추어져 있지 않다.
- 어려운 학습활동은 교사가 가르쳐주기를 기다린다.
- 어렵게 느끼는 수업 시간이면 우울해지거나 짜증을 낸다.
- 새로운 활동을 두려워하고 잘하지 못할 거라는 생각이 굳어져 있다.
- 기본 학습이 부진하고 지난 학년부터 학습 부진이 누적되어 있다.
- 학교에서 이루어지는 학습활동에 관해 부모님과 대화를 거의 하지 않는다.
- 학습활동을 시작하려고 하면 화장실에 가고 싶다고 하거나 어딘가 아프다고 한다.

**학습활동이 빠른 아이의 특징**

· 호기심이 많고 다양한 경험이 있다.
· 자신의 주변에서 일어나는 상황을 잘 이야기한다.
· 친구들의 활동에 관심이 많고 어떻게 했는지 물어보고 따라 하기 좋아한다.
· 처음 배우는 학습활동에 대한 두려움이 없고 새롭게 알아가는 활동에 잘 참여한다.
· 부모와 학교에서 이루어지는 활동에 관한 대화를 많이 한다.
· 친구가 어려워하고 있을 때 잘 도와준다.

늘 더딘 아이는 다른 친구들과 자신을 비교하며 자책하고 절망하기 쉽습니다. 안타깝게도 학습활동이 더딘 아이를 단시간에 교정하는 건 어렵습니다. 그래도 교사와 학급 아이들이 학습 계획을 함께 세우면 모든 아이들의 학습 속도를 적절히 조절할 수 있습니다.

**학습 속도 조절을 위한 수업 계획 세우기**

1. 처음 배우는 활동을 개별로 할지 모둠별로 할지 결정하기

아이들은 어려운 학습활동이면 대체로 모둠별로 하자고 결정할 때가 많다. 서로 도와서 하면 쉽게 해결할 수 있다는 경

험이 누적되었기 때문이다.

## 2. 필요한 준비물이 무엇인지 아이들이 의논하며 확인하기

교사가 모든 준비물을 정해주면 수동적인 수업이 된다. 칠판에 모둠 이름을 쓰고 모둠별로 필요한 준비물을 확인하게 한다. 이때 다른 모둠을 보면서 각 모둠에서 더 필요한 준비물이 무엇인지 수정한다.

## 3. 활동 과정에 따라 시간이 얼마 정도 소요될지 추정하기

아이들 스스로 시간 계획을 세우려면 학습활동과 학습 재료의 특성을 잘 알아야 하므로 수업에 대한 이해도가 저절로 높아진다.

## 4. 학습활동이 더딘 아이와 빠른 아이의 협응

능력에 따라 모둠 안에서 역할이 나뉘고 각자 맡은 역할을 할 시간이 주어진다. 이때 학습활동이 더딘 아이는 친구들이 역할에 따라 맡은 일을 하는 걸 보고 혼자 전부 다 하지 않아도 된다는 안도감에 학습에 참여하려는 의지가 생긴다. 그리고 학습 단계마다 다른 아이들은 어떻게 참여하는지 간접 경험을 하며 배운다. 이런 경험이 누적되면 혼자서도 끝까지 할 수 있다는 자신감을 가지게 된다.

## 5. 수업이 끝난 후 어려웠던 점 이야기 나누기

수업 종료 5분 전 메모지에 어떤 활동이 어려웠는지 쓰고, 어려운 활동을 어떤 방법으로 완성했는지 모둠별로 분석해 발표한다. 이때 개별 발표를 하면 학습활동이 더딘 아이가 부담을 느끼므로 모둠에서 대표로 한 명만 발표한다. 모둠 발표가 끝나면 어려워했던 활동을 어떻게 하면 쉽게 할 수 있을지 다시 생각하는 시간을 가진다.

교사가 일대일로 "넌 이렇게 해야 해"라고 말하는 것보다 모둠활동을 통해 친구들의 발표를 들으면서 간접적으로 배우는 것이 학습 속도가 더딘 아이들에겐 훨씬 효과가 좋습니다. 뿐만 아니라 학습 속도가 빠른 아이는 다른 사람에게 가르쳐줄 때 어떻게 해야 하는지 알게 되고 소통 능력도 일취월장하게 됩니다. 그래서 학기 초에는 모둠별 활동을 자주 하면서 서로 배워가는 시간을 가집니다.

몰라서 배우려고 학교에 오는 건데 등굣길이 늘 불안하다면 얼마나 마음이 무겁겠어요. 그런 마음을 훌훌 털 수 있도록 학급이 함께 수업 시간 계획을 세우고 학습활동의 어려움을 이야기 나누어보세요. 이러한 활동 전부가 다 진정한 공부입니다.

물론 모둠별 토의 중엔 다툼도 일어나겠지만, 이 과정 또한 배움의 과정이므로 서로를 어떻게 도와야 계획을 완성할 수 있는지 스스로 터득하게 하세요. 100점을 맞는 일보다 나도 할 수 있다는 경험이 자기효능감을 올려줍니다. 새로운 학습활동에 대한 두려움을 줄이고 참여하려는 의지를 키우는 게 공부의 목적이고 완성입니다.

얼마나 빨리 목적지에 도착하느냐가 아니라 어떻게 목적지에 가느냐가 중요합니다. 빨리 완성하지 못한다고 도착하지 못하는 건 아닙니다. 수직선만 성장이 아니라 지그재그로 가는 것도 성장입니다. 다만 시간이 좀 더 필요할 뿐입니다.

**Q** 수업 시간에 멍하니 앉아 있는 아이를
혼내야 할까요?

수업 집중도와 공부 실력은 대개 비례합니다. 그렇지만 매번 멍때리는 아이를 꾸중하며 수업에 참여시키느라 다른 아이들의 공부를 멈추게 할 순 없습니다.

　수업에 집중하지 않는 아이가 일단 얌전히 앉아 있으면 그냥 두는 편이 낫습니다. 아이마다 집중도가 다르고 관심도가 다릅니다. 수학 시간엔 멍하니 있는 아이도 국어 시간엔 눈을 반짝일 수 있지요. 우선 분위기를 흐리지 않는다면 수업의 흐름을 깨지 말고 그냥 두세요.

　다만, 멍하니 있는 시간이 너무 긴 아이는 그 아이 근처로 가서 다른 학생에게 말을 거세요. 혼내지 않고 자연스레 다시 수업 속으로 의식을 불러오는 간단한 방법입니다.

# 급식 불평을
# 줄이는
# 식단표 일력

급식실에선 어떤 날엔 아이들의 환호성이 또 어떤 날엔 아유가 들려옵니다.

"아, 나 아침에 미역국 먹었는데."
"난 어제 저녁에 먹었어."
"내가 싫어하는 채소만 잔뜩이야!"
"제육볶음 싫은데, 돈가스가 더 좋다고~"

애들이 하는 말을 듣고 있자면 "안 물어봤거든?" 하고 외치고 싶을 때도 있지만, 잘 참고 "급식에는 너희가 꼭 먹어야 할 영양소가 담겨 있다고 했지? 자, 맛있게 먹자" 하며 다독입니다.

그래도 아이들의 급식 불만은 그치지를 않습니다. 그런데 이런 불만을 단숨에 잠재운 친구가 있었어요.

저희 학급에 오리기를 좋아하는 친구가 있었습니다. 그런데 어느 날, 그 친구가 매월 제공되는 식단표 종이를 잘라서 칠판에 붙여놓더군요. 마치 일력처럼 그날의 급식을 확인할 수 있도록 만들어놓은 거였어요.

저는 처음엔 저게 뭐지 했습니다. 설마 급식을 더욱 재미있게 즐기려는 놀이인가 싶어서 별말은 안 했지만 속으론 굳이 저렇게까지 해야 하나 싶기도 하고, 또 한편으론 귀엽기도 하더라고요.

그런데 제 예상은 완전히 빗나갔습니다. 반 아이들이 식단표 일력을 보면서 너무나 좋아했거든요. 꼭 영화제 수상자를 발표하기 직전처럼 책상을 두구두구 두드리며 "오늘의 급식은?" 하고 외친 뒤 식단표 한 장을 떼어내는 순간 아이들의 설렘이 극에 달하는 게 보였습니다. 메뉴를 알고 있던 애들도 그 종이 한 장을 떼어내는 순간을 함께 즐기기 위해 입을 꾹 다물고 기다려주더라고요.

아니, 이렇게 간단한 놀이에 아이들이 눈을 반짝이다니. 놀라운 일이었습니다. 심지어는 급식 메뉴에 대한 불만도 점점 줄었어요. 이후로 매달 식단표로 일력을 만들어 칠판 한구석에 붙였고 아이들은 우리 반만의 의식처럼 매일 식단표 떼기를 하며 전보다 더 점심시간을 기다리게 되었답니다.

의자에 앉아 공부하는 아이들에게 맛있는 밥도 먹고 놀 시간도 충분한 점심시간이 얼마나 귀할까요? 거기에 더해 스스로 '식단표 일력 떼기' 이벤트를 생각해낸 그 아이를 아직도 잊을 수가 없습니다. 때로는 이렇게 아이들이 스스로 생각해낸 아이디어를 지지해주세요. 우리 아이들에겐 더 즐거운 학교생활을 위한 아이디어가 무궁무진할 테니까요.

**Q** 밥을 너무 느리게 먹는 아이가 있을 때
어떻게 해야 할까요?

점심 식사는 가장 민감한 학부모들의 민원 주제이지요.

아이가 저학년이면 끝까지 곁에서 기다려줘야 합니다. 저학년이 아니어도 다른 친구들이 다 먹고 혼자 남는 아이는 곁으로 가 어느 정도 먹었는지 파악하고, 먼저 자리를 떠나더라도 선생님은 먼저 갈 테니 천천히 먹고 오라고 꼭 얘기해야 합니다. 그래야 혼자 남아서 먹어도 소외감을 느끼지 않습니다. 아이가 다먹고 교실로 돌아오면 잘 먹었는지 물어보고 확인합니다.

한 가지 팁이라면, 매번 밥 먹는 속도가 다른 친구들보다 현저히 느린 아이는 학부모와 상황을 공유합니다. 아이의 식사를 위해 교사가 노력하고 있고 아이의 상태가 어느 정도인지 부모도 인지해야 가정에서도 식사 교육을 적절하게 할 수 있습니다.

# 급식을
# 더 맛있게
# 즐기는 팁

교사들에게 급식은 '먹는다'보다 '삼킨다'는 단어가 더 잘 어울린다는 생각이 들 때가 많습니다. 입으로 밥을 먹으면서도 재빨리 눈을 돌리며 혹시 아파서 잘 못 먹는 아이는 없는지, 여러 이유로 먹는 데 불편함을 겪는 아이는 없는지 끊임없이 관찰해야 하니까요. 다 먹은 아이들이 뛰어나가다 사고가 나지는 않을까 살피다 보면 어느새 식사도 끝입니다.

소란스러운 급식실에서 그래도 아이들은 용케 담임선생님의 목소리를 알아듣고 따라줍니다. 기특한 아이들 덕분에 점심시간은 매일매일 잘 지나갑니다. 그러나 꼭 잘 먹지 않고 음식을 많이 남기는 아이가 있습니다. 한창 먹을 때인데도 새모이만큼 먹는 아이를 보면 한 숟가락이라도 더 먹여보려 애쓰게 되는데, 그것조차 쉽지가 않습니다.

아이가 밥을 잘 먹는 것, 이것은 가정에서도 가장 중요한 문제죠. 학교에서도 그렇습니다. 다 먹는 건 바라지도 않고 최소한 먹는 데 관심을 가지게 할 방법이 없을까요?

오랫동안 교사로 지내며 저는 급식에 군침 흘리게 하는 나름의 방법을 생각해냈습니다.

### 급식을 더 맛있게 즐기는 대화

1. 4교시 수업 종료 5분 전, 그날의 급식 메뉴에 대해 설명한다. 주재료, 색깔, 향 등을 자유롭게 말한다. 이때 아이들의 관심을 끄는 내용을 섞으면 더 좋다(예: 어떤 음식이 피부에 좋은지, 키가 크는 데 효과가 좋은 메뉴 등).
2. 음식 궁합에 대해 이야기를 나눈다(예: 오늘 나온 핫도그랑 잘 어울리는 음식은 무엇일까?).
3. 교사가 어떤 음식을 좋아하는지 이야기한다. 혹은 교사가 좋아하는 음식을 메뉴에서 찾는 퀴즈를 낸다.

4. 먹기 싫어하는 음식이 무엇이며 그 이유에 대해 이야기를 나눈다. 알레르기가 아니라면 '한 번만 먹어보기' 미션을 준다. 이때 먹는 데는 실패하더라도 젓가락으로 건드려보는 등 관심을 갖는다면 성공이다.

5. 점심시간이 끝나고 교실에 모이면 먹은 음식에 대해 이야기를 나눈다.

음식에 대해 선생님과 대화하는 시간이 많아지면 아이들은 급식을 더 잘 먹게 됩니다. 교과 시간처럼 무언가를 이해하고 기억해야 하는 게 아니기 때문에 선생님을 더 편하게 대할 수 있고 그렇게 급식에 관심이 높아지는 것이지요. 먹기 싫은 음식이라도 관련된 재미있는 이야기나 정보를 알려주면 한 번은 맛을 보기도 한답니다.

실제로 교실에서 이렇게 지도하자 급식에 불만이 많던 아이들이 점차 급식을 소중히 대하는 걸 볼 수 있었습니다. 그래서 상담 중 학부모로부터 자녀가 집에서는 절대로 먹지 않는데 학교에선 그렇게 잘 먹느냐고 의아해하는 걸 종종 듣기도 했죠.

잘 먹지 않는 아이에게 음식을 강제로 먹이면 거부반응이 생겨 어른이 되어서도 힘들어합니다. 재미있고 편안한 음식 대화로 거부반응을 낮춰주세요. 좋아하는 음식, 싫어하는 음식, 모르는 음식에 익숙해지도록 연습하는 것입니다.

급식도 단체 생활의 일부분이죠. 나는 못 먹는데 다른 친구는 잘 먹으면 위축됩니다. 그럴수록 친구들과 같이 먹고 음식 이야기를 나누게 해주세요. 그러면 음식에 대한 거부감이 줄어 골고루 먹는 습관을 기를 수 있습니다.

급식도 공부와 밀접한 연관이 있습니다. 우리 아이들은 아침도 먹지 않고 등교하는 경우가 많은데 점심까지 소홀하면 에너지가 부족하여 학교생활을 제대로 따라오지 못합니다. 물론 모든 아이를 같은 목적지에 도달시키긴 매우 어렵습니다. 학급 아이들 중 80%라도 골고루 먹게 하겠다는 마음으로 지도하면 부담이 훨씬 줄어듭니다.

교사에겐 학급 아이들의 긍정적인 변화가 가장 큰 보람입니다. 아이들이 어떻게 얼마만큼 변화할지는 아무도 모르지만 아이들에게는 늘 무한한 가능성이 있습니다. 밥을 잘 안 먹어 늘 걱정인 아이가 있다면 지레 힘들다고 포기하지 말고 이제부터 음식 이야기를 나눠보세요. 기특하게도 아이들은 성장합니다. 급식은 단순히 음식이라기보다 또 다른 도전입니다.

**Q 급식만이라도 말하지 않고 조용히 먹고 싶은데 방법이 없을까요?**

급식실에서 아이들은 끊임없이 찾아와 이랬어요, 저랬어요 민원을 쏟아냅니다. 하지만 교사도 사람이죠. 당연히 머리가 지끈할 겁니다.

식사 예절도 교사가 아이들에게 반드시 알려줘야 할 삶의 지식입니다. 위급한 상황이 생겼을 땐 바로 이야기하는 게 맞지만, 작은 다툼 같은 건 식사를 마치고 선생님에게 말하도록 미리 학급 규칙을 세우세요. 이 내용이 잘 공유되면 아이들은 급식실에서 담임선생님한테 달려오다가도 아차 싶어 되돌아갑니다. 또 다 먹었다고 소란스러운 행동을 하거나 뛰는 등의 행동을 하면 다른 사람에게 폐가 된다는 걸 반드시 알려줍니다. 더불어 어른이 식사할 때는 조용히 있어야 하고 먼저 먹고 일어날 땐 인사하고 간다는 식사 예절을 가르쳐주세요.

물론 교사가 먼저 식사 예절을 잘 지켜야겠죠. 그래야 교사도 잠시 편하게 밥 먹는 시간을 확보할 수 있답니다.

# 조화로운 교실을 위한
# 교사의 역할

## 소극적인 아이의 속도 존중하기

다가가면 멀어지고, 친구가 말을 걸어도 대답이 없고, 통 마음을 알 수 없는 소극적인 아이가 반마다 꼭 있습니다. 선생님 입장에서는 소극적인 아이라도 친구들과 어울리게 하고 싶은 마음이 들지요. 그러나 무엇을 실천하려는 의지, 다른 사람을 배려하는 표현과 마음을 전하는 용기의 정도는 사람마다 다릅니다. 특히 남에게 쉽게 다가가지 못하는 아이는 마음에 브레이크가 걸려 있기도 해요. 억지로 손을 붙잡고 끌어당겼다가 되레 더 멀어질 수도 있습니다.

4교시: 조화로운 교실을 위한 교사의 역할

새 학기가 시작되고 몇 달이 지나도 여전히 느린 속도에 머물러 끝내 관찰자의 자리에만 있으려는 소극적인 아이를 그대로 두어도 될까요? 친구에게 말을 거는 것조차 힘들고 소리 내어 웃지도 못하는데 그냥 천성이라고 내버려두어야 할까요?

담임으로서는 늘 고민이지요. 저는 이럴 때 '카메라 시선'을 사용하여 소극적인 아이가 친구를 바라보도록 연습하게 해줍니다.

### 소극적인 아이를 위한 '카메라 시선' 솔루션

1. 월 1회 학급 사진 전시회를 연다고 예고한다.
2. 폴라로이드 카메라를 준비한다.
3. 평소 활발하고 적극적인 성격의 아이에게 카메라를 준다. 그리고 주로 움직임이 많은 체육 시간, 미술 시간, 점심시간, 쉬는 시간에 촬영하도록 미션을 준다.
4. 교실 뒤편, 아이들의 눈높이에 맞는 곳에 사진을 전시한다. 이때 메모 칸을 만들어 사진을 보고 각자 생각나는 대로 메모를 남기게 한다.
5. 시간이 지난 후 첫 번째 사진 전시회에서 어떤 사진이 좋은지 이야기를 나누는 시간을 가진다.
6. 다음 번 촬영 기사로 소극적인 아이를 선정하고 촬영 기회를 준다. 포토제닉상을 직접 선정할 권한도 부여한다.

7. 찍은 사진을 모아 전시회 및 코멘트 달기를 이어간다.

카메라를 통해 친구들의 표정을 관찰하고 친구들이 대화를 나누는 목소리를 들으며 소극적인 아이는 조금씩 친구들 곁으로 다가가게 됩니다. 직접 대면하지 않고 렌즈를 거쳐서 친구를 바라보기 때문에 부담도 덜하고 친구의 표정에 더 집중할 수 있어 자신도 모르게 웃게 되지요. 또 친구들의 대화 내용을 들으면서 '이렇게 말하면 되는구나' 하고 간접 경험도 하게 됩니다.

이처럼 대화가 어려운 아이는 천천히 속도에 맞추어 다가가야 합니다. 그저 붙잡고 말로만 아이를 변화시키려고 한다면 오히려 마음을 꽁꽁 닫아버리게 만들지요. 시작하기도 전에 이미 경기를 기권하는 마음으로 아이는 모든 변화를 포기하게 될 겁니다. 담임선생님을 거부하는 게 아니라 자신을 보호하는 행동이죠.

그러나 카메라를 들고 친구들과 거리를 조금 둔 채 시선만 향하는 경우라면 부담을 느끼지 않습니다. 자기도 모르게 친구들에게 몸과 마음이 가까워지죠. 게다가 친구들의 어떤 장면을 사진으로 남길지 결정하면서 자율성이 함양되고 이는 소극적인 자세를 적극적으로 변화시키는 바탕이 됩니다.

폴라로이드 카메라 하나면 소극적인 아이도 닫힌 마음을 조금씩 열고 시선을 친구들에게로 돌릴 수 있습니다. 찰칵, 카메라 셔터 한 번으로 아이가 마음을 당장 활짝 열진 않겠지만 서서히 물드는 노을처럼 마음을 열어갈 것입니다.

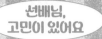

**Q** 핸드폰으로 재미있는 영상을
만들게 하는 방법이 있을까요?

20분 동안 교내에서 최소 10컷 이상의 사진을 찍어 오게 합니다. 그런 다음 모둠별로 사진을 모아 공익광고를 만들어봅니다.

이때 주제를 미리 정해놓고 사진을 찍어 오라고 하면 의도된 사진 촬영이라 모둠별 사진이 비슷하게 나옵니다. 따라서 주제를 주지 마세요. 그래야 다양한 사진들이 나옵니다.

사진을 찍어 온 후에 공익광고의 주제를 정해줍니다. 아이들은 처음에는 당황하겠지만 이내 영상을 만들면서 큰소리로 웃기도 하고 이야기도 나누며 즐거워합니다.

영상 편집이 끝나면 다른 친구들은 사진을 어떻게 활용했는지 다 같이 영상 결과물을 감상합니다.

교사인 나와
개인인 나
모두 챙기기

교사에게 아이들의 생활지도가 중요하듯, 교사 자신의 생활을 살펴보는 시간도 중요합니다. 우리 학급 아이들 중엔 내가 잘 지도할 수 있는 아이도 있고, 그렇지 않은 아이도 있습니다. 후자의 아이들만 생각하면 결국 고민과 부담이 늘어나 교사의 하루가 온종일 힘겨워질 뿐입니다. 다소 어렵지만, 지도하기 힘든 유형의 아이들도 1년간 충분한 시간을 들여 알아간다면 생활지도를 해낼 수 있습니다.

교사도 한 개인으로서 자기 자신을 돌봐야 합니다. 잠시 시간을 들여 자신을 돌아보세요.

## 교사 스스로를 돌아보기

1. 학급 아이들의 말이나 행동 중에서 어떤 것이 나를 화나게 하는지 찾아보기

   교사가 성장하며 자신의 부모와 교사에게 받은 상처를 찾을 수 있다.

2. 학급 아이들의 말이나 행동 중에서 어떤 것이 나에게 즐거움을 불러오는지 찾아보기

   교사가 성장하며 경험한 즐거운 기억과 일들을 확인할 수 있다.

3. 분노의 감정을 좀 더 세분화하여 생각하기

   단순히 화가 난다는 표현보다 슬픔에 가까운 분노인지, 자괴감이 섞였는지, 억울함도 느껴지는지, 회피하고픈 마음도 드는지 등 본인의 부정적 감정을 좀 더 면밀히 살펴본다.

4. 학급 운영 중 화가 났을 때 어떻게 해야 감정이 가라앉을지 자기 자신에게 집중해 방법을 찾기

   학급 아이들과의 신경전보다는 교사 자신에게 집중하면서 평정심을 찾는다. 나의 감정을 흔드는 것이 단순히 아

이들의 말과 행동만인지, 나 자신의 부정적인 감정과 생각 때문인지 잘 알아야 한다. 이처럼 나의 감정을 흔드는 요인을 미리 알고 있으면 이성을 잃기 전에 눈치채고 화를 내기 전에 가라앉힐 수도 있다.

5. 우선 자신을 이해하는 단계를 거친 후 학급 아이들을 지도할 방법을 생각하기

교사가 먼저 자신을 이해하는 단계에서 시작하면 아이도 교사의 마음을 눈치챈다. 이것이 지도의 시작이다.

6. 어떤 상황일 때 즐거워지는지 알았다면 그 상황을 강화해 기분 좋은 상태를 유지하는 연습하기

좋은 기분을 유지하면 학급 아이들에 대한 고민으로 부담을 느끼는 일이 줄어든다. 한 번에 성공하지 못해도 괜찮다. 자기 자신을 꾸준히 돌아보다 보면 다양한 양상을 가진 아이들을 지도할 능력이 생길 것이다.

아이가 잘못해서 화가 난 건데 교사 자신을 돌아보고 감정을 추스르라고 하니 억울한 면도 있겠지요. 그러나 교사가 감정을 정리하지 않은 채 계속 아이들을 마주하면 아이의 말과 행동에 자극받아 결국 생활지도가 아닌 단칼에 정리하고자 하는 섣부른 판단을 할 수 있습니다. 애써 쌓아온 아이들과의 관계도 깨지고 말겠죠.

또 생활지도와 학급 운영 측면에서 보아도 감정을 잘 추슬러야 합니다. 아이들에게 어떤 선생님이 가장 어렵냐고(무섭냐고) 물어보면 대부분 '무슨 생각을 하는지 알 수 없는 선생님(혹은 감정을 잘 드러내지 않는 선생님)'이라고 대답합니다. 그만큼 아이들의 언행에 마구 흔들리지 않고 중심을 잘 잡아가는 교사가 아이들을 제대로 이끌 수 있습니다. 아이들은 속을 알 수 없는 선생님을 만나면 아이들의 언행에만 집중해서 화를 내거나 벌을 주는 선생님과는 뭔가 다르다는 것을 느끼고 스스로도 변화를 시작합니다.

교사가 어떤 상황에서 감정이 흔들리는지 잘 알아야 학급 아이들의 교우관계를 지도할 때도 중심을 잡고 휩쓸리지 않습니다. 당연히 공정하게 지도하려고 노력하겠지만 감정이 흔들리면 순식간에 중심을 잃을 수 있거든요. 따라서 아이들의 교우관계를 지도하기에 앞서 교사 스스로 '교사인 나와 개인인 나'를 잘 파악해야 합니다.

교사는 자신의 에너지를 확인하고 딱 그만큼만 사용해야 합니다. 과부하가 걸릴 정도로 에너지를 사용하다 보면 어느새 스트레스가 쌓입니다. 교사들은 대개 학교 다닐 때 공부를 열심히 해왔고 또 잘했던 사람들입니다. 성실함이 몸에 밴 집단이기도 하지요. 그래서 성실함이 과하게 작용하여 번아웃이 올 때까지 자신을 몰아붙이기도 합니다.

이런 번아웃을 예방하려면 지금 내가 어떤 감정에 계속 휩싸여 있는지 반드시 스스로를 되돌아봐야만 합니다. 오늘 힘들다면 '교사인 나'부터 내려놓으세요. 오늘 할 일을 내일로 잠시 미루어두는 것도 바람직합니다. '개인인 나'가 회복되어야 교사의 역할도 잘할 수 있습니다.

열정과 양심만으로 아이들을 지도할 수 없습니다. 교사로서의 나, 개인으로서의 나를 모두 돌아봅니다. 오늘 나는 어떤 감정인지 보듬어주고 사랑해주고 돌보는 일이 먼저입니다. '나'를 사랑해야 내가 하는 일도, 학급 아이들도 사랑할 수 있기 때문입니다.

업무가 많은 날, 마음이 어수선한 날, 감정이 바닥을 치는 날엔 아이들도 유독 들떠 있고 그래서 교사는 더욱 지쳐갑니다.

밀린 업무는 내일 할 수 있습니다. 오늘 완벽하게 가르치지 못한 것은 내일 보충할 수 있습니다. 하지만 '무너진 나'는 내일 알아서 바로 서지 않습니다. 미루지 말고 오늘 나 자신을 돌보고 보듬어주세요. 이것이 교육을 지켜내는 보루이며 나와 가족 그리고 우리 학급을 지켜내는 일입니다.

"넌 오늘 어땠어?"

퇴근하면서 자신에게 소리 내어 물어보세요. 자신의 목소리일지라도 솔직히 답해주는 연습이 필요합니다. 하루 감정 그래프를 그려보며 어떤 순간에 상승했는지, 어떤 순간에 하강했는지, 어디에서 멈춰버렸는지 살피는 것도 도움이 됩니다. 그리고 한 번 더 물어봐요.

"뭐가 필요해?"

내가 가장 필요로 하는 것을 채워주세요. 그래야 '그냥 교사'에서 '훌륭한 스승'으로 성장할 수 있습니다. 못다 정리한 감정에 흔들릴 땐 혼자가 아님을 기억하고 꼭 동료 교사에게 손을 내밀어보세요.

저녁 노을은 오늘의 안녕이 아니라 내일 다시 오겠다는 약속입니다. 그걸 잊지 말고 교사로서의 나와 개인으로서의 나를 잘 마무리하세요.

**Q** 하루를 끝내고 나면 기분이 우울해요.
이럴 땐 어떻게 할까요?

최근 가장 기분이 좋았던 일을 떠올려봐요. 없었던 것 같아도 분명 활짝 웃었던 일이 있었을 것입니다. 지나가듯 있었던 일이어도 좋습니다.

이왕이면 자세히 일기처럼 적어볼까요? 나에게 좋은 감정을 불러일으킨 경험을 장기기억 속에 저장하세요. 비슷한 일이 일어나면 그 기억이 자동으로 인출되어 그 기쁨이 배가 될 거예요.

*자연스럽게*
*친구를 알아가는*
*그룹 미술*

성격에 따라 갈리긴 하겠지만, 보통 어른들은
필요한 것을 구하기 위해 누군가에게 부탁할 때
스스럼없이 말을 걸고 대화합니다. 때론 아주
낯선 사람에게 속을 다 터놓을 줄도 알죠. 하지
만 우리 아이들은 대부분 안 친한 친구에게 말
거는 일을 어려워합니다. 또래이기에 빨리 친해
질 수 있지만 반면 더 조심스러운 부분도 있기
때문입니다.

4교시: 조화로운 교실을 위한 교사의 역할

몇 개월이 지나도 서로 연락처를 몰라서 교사에게 물어보는 아이들이 상당수입니다. 개인정보라서 알려줄 수 없다고 하면 직접 가서 물어보지 않고 그냥 자리에 앉아버리는 걸 볼 수 있습니다. 어떤 아이들은 방과후 준비물을 모르는데 연락할 친구가 아예 없어서 담임교사에게 연락하기도 해요.

이럴 땐 교사가 싸우지 않고 편 가르지 않는 조화로운 학급을 위해서 아이들이 서로 자연스레 말을 걸 기회를 만들어줘야 합니다. 그룹 미술 시간을 이용하면 대화가 활발해지는 걸 볼 수 있어요.

### 그룹 미술을 활용한 교우관계 다지기

1. 학급을 A, B, C 그룹으로 나누고 그룹별로 앉는다.
2. 아이들에게 20분간 그림을 그리게 한다.
3. 얼마 후, B와 C 그룹은 앉아 있고 A 그룹이 일어나서 친구들의 작품을 구경한다.
4. A 그룹이 친구들 작품을 다 보고 자리에 앉으면 B 그룹만 움직인다. B 그룹 활동이 끝나면 C 그룹이 활동한다.
5. 친구의 작품 중에서 참고하고 싶은 게 있는 아이가 있다면 친구의 동의를 얻은 후 참고할 수 있게 한다.
6. 각 그룹이 한 번씩 활동을 한 후에도 더 보고 싶은 친구가 있다면 조용히 일어나서 개별로 움직일 수 있게 한다.

이와 같은 방법으로 매주 그룹 미술을 진행하다 보면 아이들은 서로 자연스레 말을 걸고 눈인사를 나누게 됩니다.

그룹 미술이 효과적인 건 대화할 주제가 명확하다는 데 있습니다. 같이 그림을 그리면서 서로의 그림을 구경할 수 있기에 어떤 말을 서두로 던질지 고민할 필요가 없습니다. 물론 유난히 수줍음을 타 쉽사리 말을 걸지 못하는 아이도 있습니다. 그런데 내성적이라 말을 먼저 잘 못 거는 친구가 있다는 걸 다른 아이들이 인식하는 것만으로도 성공입니다. 소극적인 친구에게는 자신이 먼저 다가가면 된다고 여길 수 있으니까요.

그룹 미술은 내성적인 아이들에게도 부담이 없습니다. 그냥 교실을 돌아다니면서 친구들의 작품을 보기만 해도 되니까 잘 참여해요. 그리고 나중에 게시판에 완성된 작품을 전시하면 알은체도 하면서 조금씩 말문을 엽니다.

초기엔 돌아다니며 친구들 작품을 보는 것 자체를 어색해할 수도 있어요. 뭘 물어봐야 되는지, 감상을 말해야 하는지, 그저 조용히 보기만 해야 하는지 감을 못 잡지요. 그래서 교사가 무엇을 물어보면 되는지 관점을 알려주어야 합니다.

질문을 예시로 알려주세요. 아이들은 예시를 참고하여 질문하다가 한 달 정도 지나면 스스로 질문을 생각해내게 됩니다.

◆ 나도 네 그림 속 건물처럼 표현해봐도 돼?

◆ 바탕색을 칠하지 않고 남겨둔 이유가 있니?

◆ 하늘을 푸른색으로 칠하지 않고 보라색으로 표현한 이유가 뭐니?

◆ 선생님은 물감을 사용하라고 했는데 사인펜으로 그린 이유가 있어?

◆ 나는 주인공을 오른쪽에 작게 그렸는데 넌 크게 그렸네? 왜 그런 거야?

◆ 난 사람의 움직임을 잘 표현하지 못하는데, 어떻게 하면 너처럼 잘 나타낼 수 있어?

◆ 물건을 앞에 두고 그려도 하나도 안 비슷해. 어떻게 하면 비슷하게 그릴 수 있을까?

◆ 색종이를 가위로 오려서 붙이지 않고 손으로 잘라서 사용했네. 뭘 표현하려고 그런 거야?

◆ 난 색칠하면 지저분해 보이는데 넌 선명해 보인다. 어떻게 하는지 내 자리 가서 알려줄 수 있어?

◆ 수채 물감을 사용하면 도화지가 잘 마르지 않잖아. 다음 색칠을 할 때까지 오래 기다려야 하는데 빨리 말리는 너만의 방법이 있어?

아이들이 미술 시간에 하는 질문들은 개인에 관한 질문이 아니라 작품에 관한 것이라 편하게 묻고 대답할 수 있습니다.

묻고 대답하는 대화는 생각을 표현하는 능력을 향상시킵니다. 서로가 서로의 장점을 배우는 기회도 되지요. 어떻게 하면 미술 표현을 다양하게 할 수 있는지 서로 알려주고 배우면서 학급 분위기도 훨씬 부드러워집니다.

그룹 미술은 교육적 효과가 높습니다. 표현은 느낌에서 시작합니다. 친구의 작품을 보고 느낌을 내면화하고 생각을 양념처럼 가미하면 더 나은 미술작품을 완성하게 됩니다. 교사가 일방적으로 참고 작품을 보여주는 것보다 이렇게 서로 배워갈 때 미술작품을 완성하는 수준이 훨씬 높아집니다.

그룹 미술 활동을 통해 다른 교과 시간이나 쉬는 시간에도 더 활발히 교류하며 아이들은 친해집니다. 혹 오해가 쌓여 다툼이 일어나더라도 관계를 원활하게 회복하는 모습을 볼 수 있어요. 교우관계의 원동력은 이해에서 출발하기 때문입니다. 서로 작품을 구경하고 설명을 듣고 배워가면서 친구를 많이 알고 이해했기에 오해가 깊어지지 않습니다.

교사가 개입하여 억지로 관계를 맺어가면 쉽게 깨질 수 있습니다. 막연하게 잘 지내보라는 말도 무의미합니다. 서로에게 질문을 던지며 자연스레 대화할 기회를 주세요.

**Q** 창체(창의적 체험활동) 시간에 또 어떤 수업을 하면 좋을까요?

학급에서 그림 동화책을 만들어보세요. 그림 동화는 나이에 상관없이 누구나 읽을 수 있어서 쉽게 독서를 접하는 방법이지요.

학급에서 일어난 재미있는 에피소드를 모아서 아이들의 의견을 물어본 후 그림 동화책으로 만듭니다. 학급에서 실제로 있었던 일을 소재로 하면 그림 동화책의 줄거리를 만들어갈 때 아이들의 흥미를 돋우고 참여도를 높일 수 있습니다.

먼저 전체 줄거리를 정리하고 등장할 캐릭터의 특성을 확실히 만듭니다. 캐릭터 특성을 만들어갈 땐 모두가 알 만한 동화책의 주인공을 모은 다음 비슷한 성격의 캐릭터를 고르면 더욱 좋습니다. 총 분량은 10쪽 정도로 짧게 하세요. 완성하는 것도 중요하니까요.

이렇게 하면 반에 대한 애정이 높아지고 동시에 다른 그림 동화책에 대한 관심도 올라갑니다.

❀ ❖ ❀

무리 지어 다니는
아이들에게
중요한 역할 주기

무리를 지어 다니며 친구들에게 힘을 과시하고
학급에 좋지 않은 영향을 미치는 아이들이 종종
있습니다. 이런 아이들은 불러다 혼을 내면 절대
그런 적 없다고 잡아떼기 일쑤입니다. 선생님께
이르지 말라고 친구들한테 은근히 압력을 주어
학급 분위기를 나쁘게 만들기도 하지요.

이런 아이들은 학부모 상담을 진행하려 해도 부모 눈엔 아이가 그저 어려 보일 뿐이라 아무것도 모르는 애라는 주장만 듣게 됩니다. 학부모와 마찰이 일어나는 경우도 생기죠. 이럴 때 어떻게 해야 할까요?

우선 초등학생 아이들의 특성을 잘 알아두어야 합니다. 학년이 올라갈수록 또래끼리, 특히 여학생들은 친구와의 만남을 매우 중요시합니다. 교문 앞에서 만나 교실로 같이 올라오고 쉬는 시간에도 옆 반 친구와 이야기하다가 수업이 시작된 후에야 부리나케 돌아오곤 하죠. 고학년 즈음엔 가족과 조금 거리가 생기고 친구가 가족의 자리를 차지합니다. 모든 걸 공유하며 일거수일투족을 알고 있거든요. 이처럼 아는 정보가 많은데, 아직 아이들의 판단력은 미숙합니다. 아는 만큼 서로 상처 주기도 쉽고 공격할 거리도 많아져 다투는 일이 잦습니다.

초등학생들의 친구에 대한 의존성을 알고, 교사는 객관성을 가지고 지도해야 합니다. 즉, 선입견을 버려야 한다는 뜻입니다. 너무나 당연한 이야기 같죠? 그러나 여러 번 기억하고 다짐해야 하는 부분입니다. 말과 표정 모두 한쪽 편을 든다는 느낌을 주지 않도록 해야 합니다. 또 다툼은 나쁘니 혼낸다는 태도보다는 친구 사이의 견해차를 좁히자는 태도로 임해야 합니다.

무리를 지어 다니는 아이들은 혼자일 때는 소극적이지만 다른 친구들과 있을 땐 자신감을 얻고 힘을 행사하려 합니다. 이

무리를 억지로 해체하면 아이들은 엇나가고 생활지도가 무너집니다. 그리고 오히려 교실 밖에서 다른 학급 친구들까지 섞여 더 큰 무리가 형성돼 학년 전체에 좋지 않은 영향을 줄 수도 있습니다.

그래서 이런 친구들을 학급 활동에 참여하도록 천천히 유도해야 합니다. 시간이 조금 걸리더라도 평화롭게 긍정적인 결말을 만들기 위해 노력해보세요.

## 학급 분위기를 평화롭게 바꾸는 환경 게시판 만들기

1. 학기 초 환경 정리를 하면서 교실 뒤 환경 게시판을 A, B, C로 나누고 무리를 지어 다니는 친구들에게 A 구역을, 나머지 아이들에게 B, C 구역을 맡긴다. 서로 친하게 몰려다니는 무리이기에 다른 친구들을 방해하지 않을 수 있다.

2. 환경 게시판 콘셉트를 어떻게 잡을지 점심시간마다 모여 앉아 간식을 먹으며 의논하게 한다. 이때 학급에 도움이 되는 역할을 하고 있음을 계속 피드백하여 긍정적인 분위기를 형성한다.

3. 환경 게시판 콘셉트가 완성되면 연구실에서 가져올 목록을 만들고 디자인이 필요하면 교사가 출력하여 자료를 제공한다.

4. A 구역에서 활동했던 아이들을 B, C 구역으로 보낸다. 순

순히 한다고 할 수도, 단박에 거절할 수도 있으나 학기 초이므로 협조적으로 나올 확률이 높다. 다음과 같이 그들을 지도한다.

교사 : 너희가 콘셉트 잡기, 준비물 목록 구성하기, 디자인 출력하기를 선생님과 해보았으니 B와 C 구역을 맡은 친구들을 도와줄 수 있을 거야.

A팀 아이 : 우리가 이걸 다 하나요?

교사 : 너희는 이미 A 구역을 처음부터 끝까지 꾸몄잖아? 선생님과 같이 했던 활동을 B팀, C팀 친구들과 하면 돼. 어때? 할 수 있을까?

A팀 아이 : 네, 할 수 있어요.

교사 : 이거 다 끝나는 날 점심시간에 간식 먹자. 음악도 듣고. 선생님한테 힘이 많이 되어줘서 너무 고마워.


이렇게 무리를 지어 다니는 아이들에게 학기 초 중요한 역할을 주면 아이들은 자신의 착한 이미지를 그대로 유지하려는 경향을 보입니다. 교사의 학급 운영에 아이들을 참여시키는 이유는 이런 긍정적인 활동을 통해 또래 집단에서 올바른 역할을 해보는 기회를 주기 위해서입니다. 의외로 큰 효과를 거두는 비법이죠.

학기 초 완성된 교실 모습을 보면 자기효능감이 올라갑니다. 반에서 중요한 역할을 하며 친구들에게 돋보인 경험을 했기에 다음에도 긍정적인 방향으로 움직이려고 노력하게 되죠. 한 번에 달라지긴 어렵지만 계속 긍정적인 활동에 참여시켜야 합니다.

예전에 반에서 여학생 4명이 유독 사이좋게 같이 다니며 급식실에서도 꼭 같은 테이블에 앉아 밥을 먹었습니다. 원래 우리 반은 모둠별로 돌아가며 섞여서 식사해야 하는데 다른 친구들이 들어갈 틈을 주지 않았어요. 미술 시간, 창의적 체험활동 시간, 체육 시간에도 이 4명은 무조건 같이 있으려 하고 다른 친구에게 상처를 주는 말도 쉽게 내뱉었습니다. 반 분위기는 조금씩 나빠졌죠.

저는 빨리 와해되는 분위기를 바꾸기 위해 앞서 제시한 교실 환경 꾸미기 활동에 이 4명을 가장 먼저 참여시켰어요. 학급의 낡은 부분을 고치고 예쁘게 꾸미면서 다른 친구들과도 논의하는 시간이 점차 늘어나자 이 여학생들은 조금씩 다른 친구들도 무리에 끼워주었습니다. 그러자 환경 꾸미기 활동이 끝난 후에도 자기들이 학급 내에서 어떻게 생활해야 하는지 조금씩 깨달아가는 모습을 보였죠.

결국 아이들은 자신의 어떤 모습을 인정해주느냐에 따라 그 모습으로 행동하려고 노력합니다. 긍정적 변화를 이끌어내려면 긍정적 역할을 해내는 경험을 선물해주어야 합니다. 혼을 내는 것은 문제 행동을 멈추게 할 순 있어도 그릇된 생각까지 변화시킬 수는 없습니다.

교육은 아이들을 혼내는 것이 아니라 아이들이 스스로를 알아가고, 어떻게 살아야 하는지 깨닫게 하고, 그에 맞는 지식을 채워가게 하는 것입니다. 교사의 부단한 기다림과 아이들이 성장하리란 믿음이 교육의 출발점입니다.

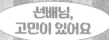

**Q** 무리 지어 다니며 학급에서
유독 착한 친구들을 괴롭히는 애들이 있어요.
학부모 항의가 빗발치는데 담임교사는 어떻게 해야 할까요?

우선 학부모 항의가 들어오면 부모님의 속상한 마음을 이해한
다는 말과 아울러 상황을 알아보고 다시 연락드린다고 마무리
해둡니다. 이때 제일 중요한 건 언제까지 연락하겠다는 약속을
하는 것입니다. 막연히 기다리게 하면 학부모는 언제까지 기다
려야 하는지 몰라 감정이 상할 수도 있습니다.

이후 그 아이들을 불러서 사실을 확인합니다. 친구 머리를 툭
툭 치거나 유독 착한 아이를 괴롭힌 상황이라면 주변에서 본 아
이들이 많을 겁니다. 따라서 문제를 일으킨 아이들의 이야기를
들어보고 다른 아이들의 증언과도 대조해 정확한 상황을 조사
합니다.

상황 정리가 다 되면 해당 아이들과 상담 과정을 통해 해결합
니다. 이후 정리된 상황을 학부모에게 정확히 알려주고 생활지
도의 방향을 잡아갑니다.

아이들
세상으로 들어가는
열쇠, 손 편지

너무 보고 싶어요.
샘, 저 제대했어요.
출간을 축하드려요.
드디어 취업했어요.
공부 마치고 귀국해요.
선생님, 늘 기억하고 있어요.
**선생님, 사랑합니다!**

제가 받았던 제자들의 문자 속 문장입니다. 수많은 문자에 늘 아이들이 담는 말이 있습니다. "선생님이 준 손 편지 여전히 간직하고 있어요. 다시 읽어도 그때 마음이 느껴져요." 손 편지는 시대를 막론하고 사람의 마음에 들어가는 프리패스인가 봅니다.

저는 늘 아이들에게 줄 손 편지를 쓰기 위해 계획을 세웠었습니다. 바쁘면 1년에 한 번만이라도 학급 아이들에게 손 편지를 쓰기로 마음먹었죠. 웬만하면 1학기 때 썼습니다. 아이들과 더 빨리 친해지기에 좋으니까요. 그다음 어떤 아이에게 먼저 쓸지 순서를 정하고 한 달에 몇 명에게 쓸지 정했습니다. 순서를 정했으면 아이들이 보지 못하도록 개인 달력 뒷면에 이름을 순서대로 적었습니다.

그리고 편지를 받을 아이를 관찰했어요. 아주 세심하게 관찰하면서 잘하는 것을 간단히 메모했습니다. 친구들에게 잘 웃어주는 가온이, 준비물을 잘 빌려주는 사랑이, 점심시간에 골고루 먹는 라온이, 현장학습 때 친구들을 잘 챙기는 석이, 하교 때 인사를 잘하는 민규…….

편지지 크기는 손바닥보다 작은 크기로 정했습니다. 너무 긴 편지를 쓰게 되면 업무로 느껴지니까요. 학생 수에 맞게 모두 다른 편지 봉투를 준비했습니다.

손 편지를 전달할 날이 다가오면 달력 뒷면에 적은 칭찬을 참고해서 편지를 썼습니다. 아이가 얼마나 대단한 사람인지 칭찬하며 저의 소중한 마음을 전했죠. 편지는 하교 직전, 아이들이 보는 앞에서 살짝 불러 은밀하게 "집에 가서 혼자 읽어. 선생님이 편지 썼어"라고 말하며 건넸습니다. 간식도 봉투 안에 쏙 넣어주었고요. 그리고 친구들에겐 보여주지 말라는 당부도 했습니다. 편지를 받는 아이와 제가 특별히 마음을 나누는 시간임을 알려주기 위해서요.

편지를 쓰는 시간은 길어야 10분입니다. 하지만 아이들과의 추억은 평생이 될 수 있습니다. 한 장의 손 편지로 누군가의 영원한 스승이 되어보면 어떨까요?

**Q** 아이를 관찰해도 칭찬할 만한 내용이 안 보이면 어떡하죠?

장점이 안 보인다면, 그냥 눈에 보이는 특징을 찾아보는 것도 좋아요. 이렇게 특징을 쓰다 보면 안 보이던 장점을 발견할 수 있습니다.

예) 친구들을 부를 때 목소리 톤이 높은 미정이
　　달리기할 때 제일 크게 웃는 민선이

# 사춘기 아이들과
# 함께 성장하기 위한
# 고민 목록

사춘기는 새로운 인류의 출현일까 싶을 정도로 아이들이 변하는 때입니다. 같은 말을 쓰는데 소통이 안 되는 기분까지 들 정도입니다. 그런데 그런 사춘기 아이들을 한 명도 아니고 20명 남짓을 모아두고 소통해야 한다니! 고학년 담임 선생님들의 고민이 깊어질 수밖에 없습니다. 게다가 요새는 사춘기가 3, 4학년부터 시작되기도 하므로 고민에 빠진 선생님들이 정말 많을 것 같습니다.

# 사춘기(思春期; 생각 사, 봄 춘, 때 기): 생각에 꽃이 피는 시기

사춘기는 봄철 나무처럼 생각이 마구 피어나 혼란스러운 시기입니다. 사춘기가 시작되는 때는 아이마다 다르고 사춘기가 지는 시기도 저마다 다릅니다. 담임교사 혼자 사춘기 아이들을 감당하려니 힘들수밖에 없죠.

그렇지만 일단 고민과 걱정은 접어두세요. 새 학년 아이들이 교실에 들어왔으니 처음부터 다시 시작한다는 마음부터 먼저 굳힙니다. 아직 일어나지 않은 사춘기 아이들의 사건 사고도 잠시 잊습니다. 아이에게도, 부모에게도, 교사에게도 사춘기는 처음이니까 미리 겁부터 먹지 말고 우선 교사로서 할 일에만 집중하세요.

자, 마음을 다잡았다면 이제 사춘기 아이들을 한번 맞이해볼까요?

## 사춘기 아이들을 대하는 교사의 자세

1. 1년 동안 아무 사고 없이 잘 지내야 한다는 책임감 내려놓기

   할 수 있는 만큼만 한다고 일단 생각한다. 안 그러면 책임감이 부담으로 변하여 아무것도 할 수 없게 된다.

2. 지금 고민하는 모든 걱정을 목록으로 적기

   작성한 고민 목록이 1년 동안 담임교사로서 능력을 발휘

해야 할 부분이다. 무엇을 역점으로 할지 교육의 방향을 스스로 정리한다.

3. 사춘기는 특별한 시기가 아니라 담임과 학생이 같이 성장하는 배움의 시기임을 기억하기

교사는 사춘기를 배우고 아이들은 사춘기를 교사와 같이 넘기며 함께 성장해나간다.

4. 학급 아이들을 새로운 친구로 생각하기

나의 학급 아이들은 어때야 한다는 결론을 가지고 아이들 앞에 서지 말고 마치 친구를 처음 사귈 때처럼 천천히 알아간다.

5. 통제해야 한다는 생각 접어두기

통제를 하면 갈수록 강도를 세게 올려야 해 점점 더 에너지를 소모해야 하지만, 소통을 하면 갈수록 더 잘 통해서 에너지를 덜 소모할 수 있다.

**Q** 담임의 고민 목록이 정말 도움이 될까요?

고민을 시작하면 해결하게 되고 해결하고 나면 능력이 됩니다. 고민 목록을 하나씩 지우다 보면 학년 말엔 나의 학급 운영 능력이 일취월장해 있을 거예요. 오늘부터라도 고민을 적어보세요.

예) 여자아이들끼리 모여 담임선생님을 안 좋게 이야기할 때 어떻게 지도해야 할까?

1.

2.

3.

4.

5.

# 서로를
# 이해하는
# '나' 사용 설명서

요즘 교육 현장에선 학교생활에 대한 부모의 관심이 과잉되며 교사와 학부모 간의 불협화음, 학부모 사이의 불협화음이 일어나기도 합니다. 밑바탕을 들여다보면 아이를 위한 마음은 같습니다. 그러나 정작 아이는 뒤에서 어른들의 결정을 따르기만 하고 아무것도 결정하지 못합니다. 이런 아이들이 어른이 된다면 잘 살 수 있을까요? 이제부터 넌 어른이니까 네 판단에 대한 책임도 너의 몫이라고 하면 과연 버틸 수 있을까요?

도덕 교과목에서 배운 이론적인 정답만이 답이 아닌데 아이들은 어른들이 대신 내린 정답대로 살아가고 있는 것 같습니다. 아이들 스스로의 결정과 인내, 경험이 중요한 친구 사이를 어느샌가 어른들이 끼어들어 누구와 친구 할 건지, 어떻게 대할 건지 등을 알려주고 있습니다.

교과목 진도만 나간다고 교사의 역할이 끝이 아닙니다. 교사는 사회 구성원으로서의 역할을 다하는 인간으로 아이들을 이끌어야 합니다. 따라서 1년간 친구들끼리 어떻게 지내야 하는지에 대해 아이들이 스스로 길을 찾아가게끔 길잡이가 되어야 합니다.

이에 좋은 방법이 있습니다. '나' 사용 설명서입니다. 나는 어떤 사람인지 친구에게 설명하게 하면 나 자신은 물론 남을 이해하는 방식도 터득해나갈 수 있습니다.

### '나' 사용 설명서를 작성하고 발표하기

1. 도화지 한 장을 준비해 나 자신에 대한 여러 정보를 적는다. 단, 남에게 절대 알리고 싶지 않은 것은 쓰지 않아도 된다.
2. 자신의 이름에 담긴 뜻을 자세히 설명한다. 이름에 담긴 뜻을 모르는 사람은 미리 알아 오도록 한다.
3. 자신이 좋아하는 장소와 왜 좋아하는지 이유를 쓴다. 같

은 공간을 좋아하는 친구가 있다면 다음에 같이 가자고 약속할 수 있다.

4. 좋아하는 색깔을 쓴다. 자신이 무슨 색을 좋아하는지 잘 모르는 아이는 이참에 진지하게 생각해보는 기회를 가진다. 친구가 좋아하는 색을 알면 선물할 때 도움이 된다.

5. 어떤 종류의 책을 왜 좋아하는지 쓴다. 다양한 종류의 책을 좋아한다면 책 제목만 써도 된다.

6. 학교에서 어떤 활동을 좋아하고, 잘하는지 자세히 쓴다. 쓰면서 자신이 좋아하는 활동이 무엇인지 구체적으로 생각해보고, 같은 활동을 좋아하는 친구가 있으면 선택 활동 때 서로 함께 해보기로 한다.

7. 자신이 슬플 때와 기쁠 때를 적는다. 친구끼리 서로 감정의 결을 알아야 오해의 여지가 없고, 슬플 때 어떻게 도울지도 알 수 있다.

8. 자신이 행복할 때는 언제이고 그때 누구와 함께 있고 싶은지 쓴다.

9. 이번 학년에서 가장 하고 싶은 일은 무엇이고 왜 하고 싶은지 쓴다. 하고 싶은 일을 미리 생각해두면 모둠활동을 할 때 용기 있게 선택할 수 있다. 종종 다른 친구들이 선택한 다음에 자기도 하고 싶다고 말해서 친구와 의견 충돌을 일으키는 아이들이 있는데 이를 예방할 수 있다.

10. 지금까지 살아오면서 가장 행복했던 때를 쓴다. 행복했던 시간을 말하기 어려워하는 친구들이 종종 있다. 좋은 감정을 자꾸 들여다보고 반추하면 감정이 풍부해진다.

11. 미래에 어떤 직업을 가지고 싶은지 설명한다. 관심이 비슷한 친구끼리 공감대를 형성할 수 있다.

12. 혼자 있는 시간에 무엇을 가장 많이 하는지 쓴다. 자기 자신을 돌아보는 계기가 된다.

13. 자신을 상징하는 캐릭터를 그린다. 남이 자신을 어떻게 봐주길 기대하는지 엿볼 수 있고 자신을 어떻게 보고 있는지 알 수 있다.

이 외에도 무엇을 싫어하고 좋아하는지 또 어떤 친구를 사귀고 싶은지 등 생각나는 것을 모두 쓰게 합니다. '나' 사용 설명서를 작성할 때는 마인드맵이나 그림, 말풍선 등 다양한 표현 방식을 활용할 수 있게 합니다.

작성한 '나' 사용 설명서는 친구들이 볼 수 있게 전시합니다. 일주일이 지난 후 친구의 '나' 사용 설명서를 읽고 편지를 쓰고 싶은 친구에게 짧은 편지를 써봅니다. 이 활동을 통해 자신을 알아가기도 하지만 학급 친구들의 생각도 알아가면서 서로를 이해하는 계기가 됩니다.

아이들은 대체로 자신에 대해서 잘 모르는 경우가 많습니다. 무엇을 좋아하고 무엇을 하고 싶은지도 모릅니다. 그냥 주어진 일정대로 움직이는 경우가 허다하죠. 그렇게 지내다 보면 자기 의견 없이 남이 준 답을 가지고 살아가게 됩니다. 따라서 잠시 자신을 돌아보고 친구들의 마음과 생각을 알아가며 서로를 깊이 이해하는 시간을 마련해주세요. 교우관계가 원만해지고 아이들 각자의 생각도 깊어집니다.

알려주는 것만 배우면 도덕적 기준에서 명확하게 옳고 그름은 판단할 수 있으나 좀 더 폭넓은 인간관계를 이해하는 데는 어려움을 느낄 수 있습니다. 자신을 설명하는 활동을 꾸준히 해나가면 아이들은 스스로 고민을 찾고 해결할 답을 생각하며 지혜로운 아이로 성장합니다.

아이들에게 생각을 말하고 의견을 나누라고 하면 어려워합니다. 그런데 '나' 사용 설명서 발표 때는 의외로 열심히 참여합니다. 자신이 작성한 설명서를 보고 읽기만 하면 되니까요.

더군다나 발표를 통해 아이들은 서로를 보듬는 한 해를 보내게 됩니다. 아이들이 서로를 바라보는 시선이 달라지고 자신의 감정도 잘 살펴보면서 교사와의 관계 또한 달라지리라 기대해봅니다.

추가하자면 아이들에게 '담임선생님 사용 설명서'를 써보게 하는 것도 좋습니다. 아이들이 직접 쓴 담임선생님 사용 설명서는 이들이 담임교사를 어떻게 생각하는지 보여줍니다. 또 다음 학년에 새롭게 만날 아이들을 어떻게 지도할지 방향을 잡을 때 활용할 수도 있지요. 다만 이 방법은 교사가 상처받을 수도 있으므로 학년 말에 학급 아이들과 공감대가 충분히 형성되었고 학급 분위기가 원만하다면 해보길 권장합니다.

저는 매년 아이들이 적어준 저의 사용 설명서를 보면서 아이들이 정확하게 판단했는지 가늠할 순 없어도 아이들 눈에 제가 어떻게 보였는지 고민해볼 수 있었습니다. 그러면서 교사로서 성장하는 걸 스스로 느꼈죠. 아이들의 설명 항목을 모두 인정할 순 없어도 몇 가지 정도는 반면교사로 삼으면서 성장의 발판이 되기도 했습니다.

성장은 절로 이루어지지 않습니다. 때론 생채기가 나고 때론 죽을 듯이 힘을 짜내야 합니다. 그래야만 비로소 성장이 나를 지키는 울타리가 됩니다. 무엇이든 긍정적으로 사용하면 능력이 되고 보탬이 된다는 걸 기억합시다.

**Q** 교사도 '나' 사용 설명서를 써야 할까요?

어떤 내용이든 상관없이 한번 써보길 권장합니다. 자신을 이해하는 기회가 되니까요. 이왕이면 매년 써보는 것도 좋습니다. 변화된 자신을 발견하는 데 큰 도움이 되거든요.

다음의 항목을 참고해서 자기 자신에 대한 설명서를 적어보세요.

성격 / 취미 / 장단점 / 전공과목 / 현재 담임으로서 좋은 점 / 담임으로서 나에게 잘 맞는 학년 / 좋아하는 여행 장소 / 살면서 가장 좋았던 점 / 앞으로 하고 싶은 일 / 기분이 안 좋을 때 어떻게 하면 풀리는가? / 학급 제자 중에서 어떤 아이의 성향이 나랑 맞는가? / 어떤 과목을 가르칠 때 가장 신나는가? / 어릴 때 특징

**5 교시**

아이들이 수업에
집중하는 교실

# 머릿속에
## 학습 안내도를 그리는
### 교과서 투어

목적지 없는 버스에 타면 마음이 어떠할까요? 결승점이 없는 달리기를 하고 있다면 얼마나 지루할까요? 사실 교사들은 목적지도 모르고 탄 승객을 태우고 1년을 가야 하고, 결승점 없는 달리기에 아이들을 참여시켜야 합니다. 상황이 이러니 한 교시만이라도 애들이 제대로 따라올 수 있게 하려면 교사는 무진 애를 써야 하지요.

새 학기가 시작될 때마다 한 학기 동안 배울 교과서를 먼저 훑어보는 교과서 투어를 추천합니다. 학기 초 첫 시간은 교과서의 전체 그림을 아이들에게 보여주세요. 교과서 표지를 보고 해당 과목에서는 뭘 배울지 같이 예측해보고 대화도 나눠봅니다. 그리고 전체 몇 단원으로 이루어져 있는지, 각 단원마다 뭘 배우는지 차례를 충분히 살펴보는 시간을 가집니다. 아이들과 함께 교과서를 한 장 한 장 넘기면서 눈에 띄는 사진이나 그림도 살펴보고 총 몇 쪽까지 있는지도 확인합니다. 예를 들어 국어 교과서라면 시는 몇 편 실렸는지, 어떤 주제의 글이 있는지, 모둠활동은 어떤 게 있는지, 지난 학년에서 배웠던 것과 비슷한 내용도 있는지 전체적으로 알아봅니다.

교과서를 넘기며 배울 내용을 먼저 확인하면 교사가 아무런 예고도 없이 수업 시간에 일방적으로 설명하는 것보다 훨씬 교육 효과가 좋습니다. 운동 전 준비운동을 충분히 해야 하는 것과 마찬가지입니다.

이제 막 새 학년이 된 아이들은 어수선한 마음을 가라앉히지 못한 상태인데, 여기서 첫 수업부터 어긋나면 뒤로는 계속해서 수업 집중도가 떨어지고 이해력도 떨어집니다. 그러니 너무 의욕만 넘쳐 수업을 나가기보단 교과서 투어로 아이들의 흥미부터 자극해보세요. 수업도 애피타이저가 필요해요. 공부 의욕을 올리고 다음 시간을 기대하는 마음을 심어주어야 합니다.

교사만 의욕이 넘쳐봤자 아이들이 적극적으로 참여하지 않으면 공부 효과를 기대할 수 없습니다.

제가 1학기 첫 수업 시간에 아이들에게 교과서를 구경해보자고 했을 때, 사실 아이들 반응은 애매했습니다. 새삼스럽다는 표정을 지었죠. 어떤 애들은 학교에서 지겹도록 볼 교과서를 굳이 훑어봐야 하냐고 싫은 티도 냈습니다. 그러나 "애들아, 놀이공원에 가면 놀이공원 안내도를 보고 어디에서 출발해야 재미있는 놀이기구를 재빨리 다 탈 수 있는지 알 수 있지? 그거랑 같은 거야. 교과서도 미리 훑어보며 구성을 파악해야 배울 때 더 쉽고 재미있어"라고 설명하자 아이들도 수긍해주었습니다.

교과서의 전체 단원을 살펴본 후 감상을 물어보면 아이들은 처음엔 한 학기 동안 뭘 배우는지 조금 알겠다고 합니다. 그리고 한 단원을 시작할 때마다 그 단원의 학습목표에 대해 이야기를 나누고 지나갑니다. 그러면 차츰 아이들은 단원별로 학습목표가 어떻게 연결되는지 알겠다고 하죠. 아이들은 그 과목의 전체적인 흐름을 이해한 것입니다. 한 단원을 마친 후 학습목표와 배운 내용을 순서대로 말하는 자신을 보면서 '내가 이걸 다 기억한다고?' 하며 스스로 신기해하기도 합니다.

교과서 훑어보기는 한 학년에서만 끝나지 않습니다. 올해의 교과서를 살펴보며 지난 학년과 연계짓고, 다음 학년에 올라가면 또 배운 것들이 어떻게 연계되는지 확인합니다. 중고등학교에 가서도 배운 것들이 이어지는 길을 확인해나가야 공부에 대한 전체 안내도를 아이들 스스로 머릿속에 그릴 수 있습니다.

**Q** 수업 활동 중 부딪힌 것을 때렸다고 말하며
수업에 참여하지 않는 아이는 어떻게 할까요?

아이들은 활동 중 다른 친구와 갑자기 부딪히면 친구가 의도적으로 때렸다고 말합니다. 집으로 돌아가 부모님에겐 친구한테 맞았다고 말하는 경우도 많습니다. 이때 교사는 상황을 설명하지 않고 아이가 쓰는 표현을 고쳐주면 됩니다. 교사는 수업 활동 중 부딪힌 것과 일부러 때린 것의 차이를 행동으로 보여줍니다.

교사 : 자, 다시 말해볼까? 부딪힌 건지 때린 건지?
학생 : 부딪힌 거 같아요.
교사 : 그럼 어떻게 하고 싶니?

의도적으로 부딪힌 상황이 아니어도, 피해를 입은 친구가 사과를 받고 싶어 하면 부드러운 분위기에서 화해할 수 있게 도와줍니다. 교사가 직접 상황을 설명하고 종료해버리면 수업이 끝난 후 다시 다툼이 생길 수 있기 때문이지요.

# 수업의
# 흐름을 좌우하는
# 비장의 카드, 질문

수업 과정이 너무 빼곡하게 짜여 있으면 교사는 진도를 나가기 바쁘고, 산만한 아이들은 수동적으로 참여하게 됩니다. 따라서 교과서에 있어도 빼도 되는 수업 과정은 건너뛰는 요령이 필요합니다. 너무 많은 것을 가르치려다 오히려 기본적인 내용마저 놓치게 되는 경우가 있으니까요. 수업 구성은 간단하게, 활동도 단순하게 해야 아이들이 잘 따라옵니다.

저는 최대한 아이들이 쉽게 이해할 수 있게끔 수업의 전체 흐름을 꾸려갔습니다.

## 수업의 전체 흐름

질문으로 수업 시작 》 전 차시 상기 》 단원 전체 학습목표 확인 》 예화로 비교하며 오늘 학습목표 설명하기 》 함께 수업 설계하기 》 수업 활동 》 학습목표를 다시 보면서 오늘 공부를 제대로 했는지 각자 확인하기 》 어제 학습목표에서 오늘은 무엇을 하나 더 알게 되었는지 이야기 나누기 》 내일은 무엇을 배우게 되는지 학습목표 확인하기

### ◆ 도입 ◆

1. 오늘 수업의 전체 흐름을 주도하는 질문 하나 하기

수업 도입부에서 질문을 던지면 수업의 흥미를 끌어올릴 수 있다. 부담 갖지 말고 출근하면서 하나씩 생각하면 된다. 뉴스나 책에서 나오는 신기한 이야기, 아이들이 좋아하는 연예인 등 다양하게 질문을 던진다. 미처 질문을 만들어오지 못했을 땐 아이들한테 "요즘 너희 사이에 재미있는 일 있니?" 하고 되묻는다. 수업도 일종의 대화다. 대화를 시작할 때 바로 본론부터 꺼내지 않듯 수업도 흥미를 끌어내는 것이 우선이라는 걸 기억하자.

예) 사회 - '우리 고장'에 관한 수업

Q. '우리 지역'에 10억 원을 준다면 여러분은 어디를 변화시키고 싶은가요? 그 이유는 무엇이죠?

2. 교과서를 보지 않고 전 차시에 무엇을 배웠는지 이야기 나누기

전 차시 수업을 아이들이 기억하도록 연습하는 과정이다. 그 기억을 밑바탕으로 수업을 들어야 교육 효과가 좋다.

3. 해당 단원의 전체 학습목표 다시 확인하기

아이들은 학습목표의 흐름을 기억해야 수업 흐름도 이해한다. 수업 시간마다 교과서를 넘기면서 학습목표를 확인하는데 2분 정도면 충분하다. 이렇게 하면 수업 내용을 며칠이 지나도 기억해낼 수 있다.

### ◆ 전개 ◆

1. 학습목표를 확인하고 교과서 내용에 맞는 실생활 예화 들기

학습목표가 이해되어야 아이들 눈에도 공부 목표치가 보이고 무슨 활동을 해야 하는지 알 수 있다.

2. 아이들과 함께 수업 설계하기

모둠 수업이라면 몇 모둠으로 할지, 자료조사의 범위는 어디까지 할지, 발표 형태, 각 발표자에게 부여할 시간 등 여러 가지를 아이들과 함께 설계한다. 이는 수동적인 수업에서 적극적인 수업으로 변화를 꾀하는 단계로, 다소 소란스러워져

도 이 단계가 있어야 수업 완성도가 높아진다.

．．．．．．．．．．．．．．．．．．．．．．．．．．．．．．．．．．．．．．．．．．．．．．．．．．．．．．．．．．．．

### ◆ 정리 ◆

1. 오늘 잘 배웠는지 학습목표를 보며 확인하고, 어제 학습목표
   를 보며 오늘 뭘 하나 더 배웠는지 확인하기

이번 차시와 전 차시의 학습목표를 재차 확인하는 것은 아
이들이 자신만의 공부 타임라인을 만들어가는 연습이 된다.

2. 내일의 학습목표 확인하기

마무리 단계에서는 수업을 정리하고 과제를 제시한 후 끝나
는 경우가 많다. 이때 내일은 무엇을 공부하는지 반드시 확
인한다. 내일의 목표 지점을 정확하게 인지시키려는 목적이
다. 이 과정이 습관되면 아이들은 교사의 지시 없이도 스스
로 다음 차시를 확인하게 된다.

．．．．．．．．．．．．．．．．．．．．．．．．．．．．．．．．．．．．．．．．．．．．．．．．．．．．．．．．．．．．


질문으로 수업을 시작하는 것이 가장 중요합니다. 저는 현장
에서 제가 한 질문에 따라 아이들의 수업 참여도가 확 달라지
는 걸 정말 많이 목격했습니다. 질문은 수업의 기초공사이므로
다양한 영역에서 발문을 만들어서 같은 학년 교사와 공유하도
록 합니다.

수업의 흐름이 잘 짜여졌고 잘 실행되었다면, 아마 아이들은

하교할 때 교과서를 보지 않고도 수업 시간마다 공부한 내용을 이야기할 수 있을 것입니다. 어려울 것 같지요? 하지만 놀랍게도 아이들은 정확하게 그날 배운 내용을 잘 간추려서 이야기합니다.

공부는 목표를 알고 그 목표에 도달하려면 어떻게 해야 하는지를 이해하는 데서 출발합니다. 40분 수업이라면 학습지를 줄이고 교과서를 분석하여 수업 분량을 35분 정도로 잡으세요. 나머지 5분은 돌발 상황을 대비하는 시간입니다.

수업을 시작할 땐 바로 수업하려는 정자세보단 살짝 칠판에 기대거나 의자에 편히 앉는 등 여유로운 자세로 질문부터 던져보세요. 뜬금없는 질문에 아이들은 아직 수업 시작이 아닌가 하면서 궁금증에 귀를 쫑긋합니다.

수업도 대화라는 걸 잊지 마세요. 오늘은 아이들과 어떤 대화를 나눌 건가요?

**Q** 동기부여용 질문들은 꼭 교육적이어야 할까요?

책, 영화, 여행 등 교사가 다양한 경험을 하면서 동기부여를 위한 소재를 찾아내면 아이들은 더욱 수업에 흥미를 느낍니다. 어느 정도 시간이 지나면 임기응변으로 발문을 준비할 수 있으니 그전까지는 여러 경험을 하며 연습과 준비를 해보기 바랍니다.

예)
"우리 반에서 제주 한 달살이를 한다면 누구와 무엇을 하고 지낼지 고민해볼까요?"

이런 질문이 수업과 상관없는 것 같아도 괜찮습니다. 아이들은 오히려 재미있는 대화에 호기심을 느끼니까요.

학습 동기부여는 수업과 관련 있어야 한다는 전제를 버리세요. 오히려 아이들을 수업으로 불러들이기 위해 항상 교육적이어야 한다는 전제가 교사에게도, 아이들에게도 부담이 될 수 있으니까요.

# 유대감을 높이는
# 체육 수업
# 설계하기

학교와 학원에서 매일 딱딱한 의자에 앉아 시간을 보내는 우리 아이들. 아이들의 고단함을 교사가 이해하지 못하면 수업도 절대 원활히 이어지지 않습니다.

수업 시간에 신나서 공부하는 아이는 극히 적지요. 아이들에게 설레는 시간은 이미 알고 있겠지만 바로 체육 시간입니다. 운동장이나 체육관에 가면 아이들은 괴성을 지르고 신나게 뛰어다닙니다. 그 모습이 짠하기만 합니다. 아이들이 의자를 벗어났다는 자유로움을 얼마나 누리고 싶겠어요. 수능으로 향해 가야 하는 교육 환경상 어쩔 수 없이 의자에 아이들을 앉혀두어야 하지만 모두 다 그렇게 공부한다는 말로 넘어가기엔 안쓰러운 모습입니다.

아이들이 자유로움을 만끽하는 체육 시간을 더욱 즐겁게 만들어주세요. 아이들이 직접 체육 활동 프로그램을 만든다고 생각해보세요. 얼마나 신나고 설렐까요? 기대가 생겨서 공부하는 시간도 잘 버텨냅니다.

### 체육 활동 프로그램 완성하기

1. 교사는 먼저, 교육과정 진도표의 전체 체육 수업 진도를 참고한다. 또 같은 학년의 협조가 필요한 수행평가 단원을 적절히 배치한다.
2. 체육 교과서에 각자 자기가 하고 싶은 체육 활동을 찾아 표시하게 한다.
3. 체육 수업만 적어놓은 달력을 크게 만들어 칠판에 붙인다.

5교시: 아이들이 수업에 집중하는 교실

예)

| 체육 수업 일시 | 실내 운동 | 실외 운동 |
|---|---|---|
| 4월 11일 4교시 운동장 | | |
| 4월 19일 3교시 운동장 | 포스트잇 붙이는 곳 | 포스트잇 붙이는 곳 |
| 4월 28일 5교시 강당 | | |

4. 1학기 전체 달력에 각자 원하는 활동을 포스트잇에 적어 붙인다.

5. 학급 회장과 부회장이 사회자로 나와 가장 많이 나오는 활동 2가지를 거수로 선정한다. 이렇게 한 학기 체육 시간 활동을 정한다.

6. 완성된 체육 수업 달력은 플로터로 출력하여 교실 전면에 부착한다.

7. 일주일간 시간을 준다. 예를 들어, 축구를 하기로 정한 날엔 축구를 하되 변형된 재미있는 활동을 알아 오게 한다.

8. 일주일 후 최종 확정된 체육 활동을 플로터로 출력하여 교실 옆면에 붙이고 한 학기 동안 운영한다. 아이들과 함께 완성한 체육 시간 프로그램이 확정되면 무슨 일이 있어도 체육 수업을 하도록 한다.

그런데 공교롭게도 비가 오면 어떡하죠? 비가 오면 교실 의자와 책상을 복도 쪽 벽으로 밀고 실내에서 가능한 활동을 합니다. 단, 수업 중인 옆 반에 방해되지 않도록 해야 합니다.

학교 행사가 잡혀서 체육 수업을 못 하는 경우는 어떻게 할까요? 학교 행사는 정해지는 즉시 아이들에게 미리 안내하고 그날 해야 할 체육 수업을 다른 수업과 바꿉니다. 무슨 요일 몇 교시로 바꾸면 좋을지는 아이들과 의논합니다.

아이들과 함께 한 학기 체육 수업을 계획하면 교사와 아이들 사이의 유대가 정말 끈끈해집니다. 신뢰가 돈독히 쌓이죠. 게다가 아이들은 자신들이 하고 싶은 활동으로 가득한 체육 수업을 통해 스트레스를 해소합니다.

체육 수업을 의논하는 과정에서 아이들은 의견을 어떻게 조정하는지, 어떻게 의견을 제시해야 상대방을 설득할 수 있는지를 논리적으로 배워가게 됩니다. 또한 자신들이 선택한 활동을 하면서 스스로의 결정에 대한 책임감을 느낍니다. 재미있을 것 같아서 쉽게 결정했는데 실제로 해보니 생각보다 흥미가 떨어진다면 이 경험을 바탕으로 2학기 체육 수업 계획은 좀 더 신중하게 결정하려 하지요.

체육 시간에 교사도 열심히 참여하고 아이들과 함께 활동을 즐기면 생활지도가 더 쉬워집니다. 멀찍이 앉아 아이들의 활동을 지켜보지만 말고 그 안에 뛰어들어 함께 움직이세요. 아이들의 마음이 활짝 열릴 겁니다.

전체 수업 흐름이 뭔가 만족스럽지 못하고 아이들과의 관계도 얽힌 실타래처럼 풀릴 낌새가 보이지 않는다면, 아이들과 함께 체육 수업을 설계해보세요. 아이들은 즐거운 활동을 통해 스트레스를 풀고 너그러워진 마음으로 교사에게 다가올 것입니다. 매듭은 잘라내는 것이 아니라 최대한 풀어가는 것입니다. 매듭을 푸는 데는 활기찬 체육 활동을 통한 몸풀기만 한 것이 없습니다.

**선배님,
고민이 있어요**

**Q 아이들이 프로그램에 대해 의논할 때
교사는 무엇을 하면 될까요?**

아이들 모습을 관찰하면 됩니다. 다른 사람의 의견에 어떻게 반응하고 자신의 의견을 어떻게 주장하는지 자세히 볼 수 있는 좋은 기회니까요. 유독 고집을 피우는 아이가 있는가 하면 고집 피우지 않고도 자신의 의견을 부드럽지만 단호하게 관철하는 아이도 있어요. 이럴 때 반 아이들의 특성을 가장 쉽고 빠르게 관찰할 수 있습니다.

이렇게 파악한 아이들의 특성은 생활지도와 학습지도에 적용합니다. 노력에 비해 더 좋은 결과가 나올 거예요. 또 학부모 상담 때 자녀를 어떻게 대해야 효율적으로 양육할 수 있는지 좋은 팁을 줄 수도 있습니다.

# 동시를
# 즐겁게 배우는
# 간접 경험

동시가 나오면 싫어하는 아이들이 꽤 많습니다. 뭔 말인지 공감되지도 않는데 시에 나오는 중의적인 뜻을 찾아서 이해도 해야 하고, 심지어는 길고 긴 동시를 외우기까지 해야 하니까요. 이해를 돕기 위해 열심히 설명해도 동시를 배울 땐 교실의 학습 분위기가 달라지지 않습니다.

건강에 좋은 음식이라도 억지로 먹이면 소화불량이 오거나 그 음식에 거부감이 생길 수 있습니다. 아이들에게 이해도 안 되는 동시를 억지로 들려줘봤자 감성에 물드는 대신 지루함만 느낄 뿐입니다. 그래서 간접 경험이 필요합니다. 그렇다고 동시의 내용과 똑같은 상황을 만들어 경험시켜야 한다는 뜻이 아닙니다. 그냥 교과서 속 그림으로 15분 정도면 간접 경험을 선물해줄 수 있습니다.

### 그림으로 간접 경험을 하며 동시 읽기

**1. 동시의 바탕 그림 먼저 살펴보기**

"오늘은 동시 그림을 살펴볼까?" 하며 수업을 시작하면 동시에 대한 부담이 줄어든다. 또한 그림 속에는 동시에 대한 내용이 담겨 있기에 그림부터 관찰한 후 동시를 읽으면 내용을 더 자연스럽게 받아들이게 된다. 그러므로 먼저 그림에 나오는 사물을 이용해 각자의 경험을 떠올리도록 대화를 나눈다. 교사는 그림에 관해 이야기를 나눌 때 동시 내용에서 멀어지지 않도록 대화 방향을 잡아주도록 한다.

예) 팝콘 그림이 나왔다면 – 팝콥을 먹어본 적이 있는지, 어떤 맛 팝콘을 좋아하는지, 팝콘 냄새를 묘사한다면, 팝콘을 내가 그려본다면 등.

**2. 그림을 보고 나서 동시 제목 살펴보기**

동시 제목과 그림이 어울리는지, 만약 동시 제목을 바꾼다면 어떻게 지을 것인지, 또 동시 제목과 비슷한 제목의 글이나 영화를 본 적이 있는지도 덧붙여 물어본다.

3. 이제 동시의 구성을 살펴보고 색연필로 표시도 하며 다양한 방법 활용하기

몇 연, 몇 행으로 이루어져 있는지 세어도 보고, 각 연의 주제나 중심 소재 등을 표시해보게 한다. 또 밑바탕 그림과 동시 속 관련 단어를 연필로 연결해보게 하고, 그림은 각 연을 어떻게 묘사했는지 눈을 감고 말해보게도 한다. 1연만 먼저 살펴보고 주제를 한 문장으로 정리하는 것도 좋은 활동이다.

4. 그림을 제외하고 동시(글)만 살펴보기

그림으로 동시를 충분히 느끼고 나면 이미지가 머리에 남는다. 이 상태로 동시의 글자에 집중하면 글이 평면이 아니라 그림과 함께 입체적으로 되살아난다. 눈으로 간접 경험을 했으므로 연마다 생소한 느낌이 들지 않으며 운율도 저절로 입에 붙는다. 왜냐하면 운율은 감정이 담겨 있어야 저절로 나오는데 그림을 통해 동시 속 감정을 충분히 즐기고 공감했기 때문이다.

5. 동시에 나오는 내용과 유사한 경험을 한 적이 있는지 이야기 나누기

자신의 경험을 되짚는 활동은 동시를 지은 작가는 물론 학

급 친구들과도 공감대를 만들어가는 과정이다. 공감대가 형성되면 동시를 억지로 외우게 하지 않아도 아이들은 자신이 공감했고 감명받았던 부분을 저절로 떠올리며 자신 있게 동시를 외울 수 있다.

6. 동시의 그림에 더 그려 넣고 싶은 게 있는지 생각하기

동시를 읽고 난 후 아이마다 감상이 다르므로 그걸 다시 그림으로 완성하는 추가 활동을 해본다. 교과서에 직접 그려도 좋고 발표만 해도 좋다. 이 활동은 작가에게 내 마음을 전하는 의미이자, 자신의 간접 경험을 정리하는 과정이다.

아이들은 일상생활을 하다가도 동시를 통해 간접 경험을 한 상황을 마주했을 때 바로 동시를 떠올리게 됩니다. 이것이 바로 지식이 실생활에 녹아든, 진정한 의미의 공부이지요.

동시에 나오는 그림이 가장 훌륭한 학습 자료입니다. 제대로 활용하면 아이들은 동시에 대한 거부감을 줄이고 억지로 외우게 하지 않아도 흥이 나서 동시를 달달 외우게 됩니다.

동시에 나오는 낱말을 설명하고 행간의 의미를 해석하는 데만 치중하지 마세요. 동시란 생각에 음표를 달아 다채로운 낱말로 노래를 부르는 것입니다. 그래서 아이들은 동시 내용을 이해하고 그 감성에 마음이 동하면 어려운 낱말에도 저절로 궁금증이 생깁니다. 따라서 동시 수업은 먼저 그림을 보고 이해

하고 공감한 후 그다음에 어려운 낱말을 공부하는 순서로 나아가야 합니다.

이미지와 글을 함께 기억하는 건 장기기억을 만드는 데 도움이 됩니다. 그래서 그림을 먼저 보고 동시를 배우면 한 달이 지나도 아이들이 까먹지 않습니다. 거기에 직접 경험을 더하면 평소 쓰지 않던 동시 속 낱말도 문맥에 맞게 활용할 수 있습니다.

동시를 멀리하던 아이들도 쉬는 시간에 동시를 흥얼거리는 모습을 보고 싶다면 그림부터 살펴보는 동시 공부법을 시작하세요.

**Q** 동시를 즐겁고 쉽게 쓰는 방법이 있을까요?

다 같이 동시 하나를 쓰는 경험 공유하기

- 땀을 흘릴 정도로 신나는 운동장 놀이를 40분간 하기
- 교실로 돌아와 신나는 놀이를 했을 때의 느낌이나 상황을 한 문장이나 한 단어로 표현해보기(예시: 철이가 넘어질 때 속이 시원했다. 너무 웃겼다. 통쾌했다.)
- 정리한 문장이나 낱말을 도화지에 사인펜으로 크게 쓰기(8절 도화지를 가로로 4등분)
- 칠판에 1인당 한 개씩 붙이기(23명이면 23개의 도화지를 길게 붙임)
- 이것을 동시로 바꾸는 의논을 하기(몇 연으로 할지 등)
- 구성이 정해졌다면 사인펜으로 쓴 것 중 비슷한 내용을 한 연으로 묶어서 중복되는 말은 삭제하기

동시란 머리로만 쓰는 게 아니라 몸과 마음으로 느낀 감정을 글로 꺼내는 일입니다. 이것을 알아가는 과정이 역으로 동시를 쓰는 방법이 아닐까요?

짝꿍
멘토링
공부법

수업을 마치려고 아이들을 둘러보는데, 어쩐지
자신이 없어 선생님의 눈을 피하는 아이들이 있
습니다. 궁금하면 물어봐야 할 텐데 애매한 눈
빛만 슬쩍슬쩍 보내죠. 그건 자신이 뭘 모르는
지조차 몰라 개운치 않아서 그런 것이랍니다.

이때 그대로 수업을 마치고 새 단원으로 넘어가면 안 됩니다. 단원 다지기를 반드시 해야 합니다.

하지만 아이마다 부진한 부분이 다르죠. 이것을 어떻게 해결할지 난감할 뿐입니다. 개별 지도라도 해야 할까요?

이때 짝꿍과 교과서를 이용해 스스로 모르는 부분을 찾아갈 수 있습니다. 이 방법은 학년에 상관없이 가능합니다. 여기서는 수학을 예로 설명해보겠습니다.

## 짝꿍과 함께 모르는 부분 찾기

1. 수학(수학 익힘) 교과서를 보고 잘한 차시와 어려웠던 차시 확인하기

교과서를 넘기면서 오답이 많았던 페이지와 완벽하게 알고 있는 페이지를 스스로 찾게 한다. 이때 매 수업마다 오답이 정답이 될 때까지 여러 번 문제를 풀어왔다면 채점 표시를 달리해야 한다. 한 번에 맞히면 ○표, 두 번째 풀이때 맞히면 △표, 그 이후로는 ∨표를 하여 몇 번 만에 이 문제를 해결했는지 아이가 스스로 확인할 수 있게 한다.

2. 교과서 상단에 잘하는 차시와 어려운 차시 표시하기

교과서 상단에 직접 표시해야 자신이 어떤 유형의 문제나 개념을 어려워하는지 쉽게 확인할 수 있다.

3. 각자 체크한 것을 비교해 서로 보완되도록 짝을 지어주기

5교시: 아이들이 수업에 집중하는 교실

예를 들어, A, B, C 학생이 각자 자신의 학습 정도를 다음과 같이 확인했다고 하자.

> A 학생: 학습목표 2차시와 6차시를 어려워한다.
>
> B 학생: 학습목표 4차시는 잘하지만 5차시는 어려워한다.
>
> C 학생: 모든 차시를 완벽하게 이해한다.

이러면 A 학생과 B 학생은 교차해서 가르쳐줄 수 있는 관계가 성립된다. 또 C 학생은 나머지 두 학생에게 모든 차시를 다 가르쳐줄 수 있다. C는 가르쳐주기만 하니까 손해일 것 같지만, 학습한 내용을 남에게 가르쳐주면서 논리가 정리되고 공부의 힘이 더 단단해진다. 그리고 교과와 학습 내용에 따라 짝이 달라질 수 있기 때문에 해당 시간에는 잠시 자리 이동을 허락한다.

친구끼리 짝이 되어서 내가 아는 걸 가르쳐주고 모르는 건 배우면 됩니다. 나도 모르지만 친구도 모르니까 창피하지도 않지요. 더 확실하게 자신이 왜 이 내용을 어려워하고 이해하지 못하는지, 즉 뭘 모르는지 파악할 수 있게 됩니다.

이렇게 짝꿍과 자신의 학습 정도를 확인하고 나면 끝일까요? 선생님이 다 이해했냐고 물으면 아마 아이들은 아주 우렁차게 "네!" 하고 답할 겁니다. 그러나 선생님들은 알겠지만 이 대답은 진심이 아니지요. 반드시 마지막 확인 절차를 거쳐야 합니다.

완벽한 학습을 위해 새로운 문제를 주고 싶지만 그런 마음을 꾹 누르고, 짝꿍과 서로 가르쳐주며 배운 교과서 문제를 공책에 옮겨 쓴 뒤, 책을 덮고 다시 풀어보게 합니다. 같은 유형이지만 새로운 문제에 도전하다가 틀리면 배움은 일단 거기서 멈추게 됩니다. 공부했는데 바로 틀려버리면 의욕이 훅 꺾이는 것이죠.

그리고 딱 한 걸음, 마지막 질문을 던집니다. "어떻게 풀었는지 설명해줄 수 있을까?" 공부한 내용을 남에게 설명하면서 더 확실히 개념이 잡힙니다. 선생님에게 자기가 공부한 걸 설명하면서 아이들은 스스로 완벽히 이해했음을 확신하게 됩니다.

공부는 맞고 틀리고의 문제가 아닙니다. 내가 무엇을 모르는지, 그래서 어떻게 해결하면 되는지를 스스로 찾고 알아내는 것입니다. 문제 하나를 완벽히 이해하는 작은 성공들이 축적되면 아이들은 '나도 하면 된다'는 자신감을 가지게 됩니다. 그리고 이 자신감을 바탕으로 새로운 문제 앞에서도 두려워하지 않고 해결하려 달려들지요. 한 번의 큰 성공보다 여러 번의 작은 성공들이 누적되는 경험이 더 중요합니다.

**Q** 아이들이 단원의 전체 흐름을
쉽게 기억할 수 있는 방법이 있을까요?

단원이 끝나면 단원 제목과 해당 단원의 학습목표를 한 장으로 출력해서 모두에게 나누어주세요. 이를 차시별로 오린 다음 학습목표를 보고 몇 차시인지 차례대로 놓아보게 합니다.

이 활동이 끝나면 교과서를 보고 실제로 자신이 정리한 차시가 맞는지 색연필로 실제 차시를 표시하게 합니다. 그러면 단원에 나오는 차시를 모두 기억하고 차시별로 자신이 공부한 내용을 다시 떠올리게 됩니다.

교과서 전체를 다시 5분 정도 넘겨보는 시간을 가지는 게 중요합니다. '내가 이걸 공부했었구나' 하고 공부한 기억을 떠올리는 것도 좋은 공부법입니다.

# 국어, 수학 과목 학습 격차 줄이기

선행학습으로 이미 다음 학년의 과정을 줄줄 외우는 아이와 지난 학년의 기본 학습마저 잘 안 되어 자꾸 틀리는 아이가 한 교실에서 같이 공부한다면 어떠할까요? 한 반에서 학습 격차가 많이 나는 아이들을 어떤 기준으로 공부시켜야 할지 난제입니다. 중간 정도의 아이들을 기준으로 수업하란 말도 효과적이진 않습니다.

실제로 현장에서는 교과서 활동을 따라 수업하기 마련입니다. 그렇게 수업을 진행하다 보면 수업 내용에 따라 격차가 생기기도 하지만 대부분 수업을 잘 따라와서 무사히 마칠 때가 더 많습니다.

하지만 수업 격차가 많이 나는 과목이 따로 있습니다. 수학과 국어입니다. 이 두 과목은 학습 격차를 줄이는 과정이 꼭 필요합니다.

다른 교과목은 지난 학년에 공부가 부진해도 새 학년이 되면 잘 따라올 수 있습니다. 하지만 수학은 지난 학년이 부진하면 계속해서 따라오기 벅찹니다. 금세 수학을 어려워하게 되고 주눅이 들어 다른 과목들조차 학습 자신감을 잃게 되지요.

1, 2학년 수학은 학습 격차가 그리 크지 않지만 3학년부터 차이가 나기 시작합니다. 대체로 3, 4학년 수학부터 부진하여 고학년이 되면서 학습 격차가 점점 심해집니다.

### 수학 과목의 학습 격차를 줄이는 방법

1. 전 학년 교과서에서 단원별로 부진한 기본 연산에 해당하는 문항만 뽑아 푼다. 예를 들어 6학년이면 3, 4, 5학년 수학 교과서를 준비한다.
2. 몇 학년, 어느 영역부터 부진한지 파악되면 2개월을 목표로 계획을 세운다. 왜냐하면 현재 학년에서도 계산 방법

을 응용하면서 다시 배우기 때문이다.

3. 매일 2문항씩 부진한 학년부터 다시 공부해나가는 게 좋다. 오전에 2문항을 풀고 하교 전 다시 풀어보게 하면 이미 정답을 알고 있어서 풀 수 있다는 자신감을 얻는다.

4. 문장제 문제는 지양하고 단순한 계산 과정을 익히도록 한다.

국어 과목이 부진하면 생각을 글로 나타내기, 읽고 생각을 말로 표현하기, 글 속에 숨은 뜻을 알아보기, 글 맥락에 있는 생각과 내 생각을 비교하여 글과 말로 나타내기 등 표현 활동이 어렵게만 느껴집니다.

## 국어 과목의 학생 간 격차를 줄이는 방법

1. 조리 있는 글쓰기와 말하기는 육하원칙을 활용한다. 육하원칙은 글을 읽고 나서 생각을 정리하고 말을 조리 있게 하는 데 도움된다. 또 글을 쓸 때 무엇을 먼저 써야 하는지 기준이 된다. 글을 쓰라고 하면 무엇을 써야 할지 모르는 아이들에게는 칠판에 육하원칙을 제시해주면 짧은 글이라도 쓰게 된다.

| 누가 | 언제 | 어디에서 | 무엇을 | 어떻게 | 왜 |
|---|---|---|---|---|---|
| 민지가 | 오늘 아침 | 복도에서 | 친구 미영이를 | 기다렸다 | 교실에 같이 가려고 |

2. 글 속에 숨은 뜻을 잘 파악하지 못하는 아이는 앞 문장과 뒤 문장을 연결해 읽는 연습을 한다. 두 문장의 관계를 파악하며 저자의 숨은 뜻이나 주제를 유추한다. 이를 위해서는 아주 천천히 읽는 연습도 필요하다.

3. 육하원칙에 따라 글을 한 문장으로 요약하는 연습을 한다. 긴 글을 읽은 후 무슨 내용인지 정리를 못 할 때 육하원칙에 따르면 줄거리를 간단하게 정리할 수 있다. 글을 간추리는 능력이 향상되면 독서를 할 때도 전체 요점을 잘 파악할 수 있고 이야기하는 능력을 기를 수 있다.

학습 능력이 향상된 것을 학생 스스로 느끼면 달라진 자신의 모습을 인지하면서 수업 시간에도 자신 있게 참여하게 됩니다. 공부를 못 한다는 걱정을 지우고 수학 시간에는 계산도 침착하게 하고, 국어 시간에는 발표도 자신 있게 하지요. 다른 수업 때도 더욱 열심히 하려고 합니다. 실력이 향상되는 과정에서 귀찮았던 공부가 흥미로워지고, 학급 친구들이 공부하던 모습을 늘 바라만 보던 태도에서 함께하려는 모습으로 변화합니다.

부진한 학습을 개선하고자 너무 많은 것을 계획하고 가르치면 아이는 매일 좌절을 경험합니다. 계획을 단순화하여 작은 성공의 경험을 주는 것이 장기적으로 더 효과적입니다. 3월에 담임교사는 공부가 부진한 학생을 파악하여 2개월간의 계획을 세워 기본 학습 능력을 갖추도록 하는 것이 급선무입니다.

**Q** 어떻게 하면 생각을 조리 있고
논리적으로 말로 표현할 수 있을까요?

논리적으로 말하려면 논리적인 말을 먼저 많이 들어야 합니다. 그런데 아이들은 듣고 싶은 것만 듣는 경향이 있습니다. 이럴 때 앞서 말한 것처럼 육하원칙으로 말하는 연습을 하면 도움이 됩니다. 그래도 아이들은 마음이 급해 곧잘 잊어버리기도 해요. 학년에 상관없이 여섯 손가락을 접고 하나씩 펴면서 육하원칙으로 말하는 연습을 하면 어느 정도 정돈된 생각을 말로 표현할 수 있습니다.

창의적인
미술작품
완성하기

1학년과 6학년 교실을 둘러보면 미술작품 수준
이 거의 비슷비슷해 보입니다. 물론 눈에 띄는
작품들도 있지만, 몇 년 동안 그림도 그리고 만
들기도 했는데 왜 획기적인 차이가 없을까요?

아이들은 그림 그리기를 최대한 안 하고 싶어 합니다. 이런 저런 이유를 대면서 뭘 그릴지 구체적으로 알려주기 전까지는 아무것도 그릴 줄을 몰라요. 이런 아이들을 어떻게 창의적인 꼬마 화가로 만들 수 있을까요?

아이들과 미술 수업에 관해 이야기를 나눠보면 아이들은 활기찬 움직임을 어떻게 그림으로 옮겨야 할지를 잘 모르고 있다는 걸 알 수 있습니다. 본 걸 그림으로 옮기는 일, 머릿속 이미지를 시각적으로 표현하는 일을 어려워하는 거지요. 따라서 창의적인 미술작품을 완성하기 위해서는 미술 표현 방법을 알려주는 게 필요합니다.

### 움직임을 그림으로 표현하는 연습

1. 체육 시간에 피구나 축구 경기를 하면서 공을 던지고 받을 때 팔, 몸통, 다리, 얼굴의 방향을 관찰하도록 한다.
2. 미술 시간에 전체 그림을 그리지 말고 공을 던지고 받는 사람의 움직임만 그려보게 한다. 어떤 모습이었는지 잘 기억하지 못하면 짝을 지어 한 명은 공을 던지고 한 명은 핸드폰으로 사진을 찍도록 한다.
3. 다음 체육 시간에는 공을 던지고 받는 사람 외에 다른 사람의 움직임도 관찰하도록 한다. 공을 피할 때나 주울 때, 도망칠 때 몸을 어떻게 움직이는지 자세히 살피게 한다.

이때도 팔, 몸통, 다리, 얼굴의 방향을 잘 관찰하게 한다.

4. 미술 시간의 그림 주제는 다른 과목에서도 찾아본다. 음악 시간에 리코더 연주를 했다면 그 모습을 관찰하고 그리게 한다. 아이들은 기억을 더듬어가며 어떤 표정과 몸짓이었는지 떠올려 그려낸다. 그렇게 하다 보면 움직임을 그림으로 표현하는 기술이 늘어난다.

아이들은 그림뿐 아니라 만들기도 매우 어려워합니다. 어린이의 순수함이 묻어 있어서 그 자체로 소중한 작품이지만 창의성보다는 주어진 재료를 사용하여 제시간에 완성하는 데 주력하고 있는 편입니다. 좀 더 창의적이고 자유롭게 만들기를 해볼까요?

### 창의적인 작품을 만드는 과정

1. 긴 테이블 위에 모든 미술 준비물을 진열한다. 찰흙으로 동물 만들기를 하는 시간이더라도 실, 색종이, 지점토, 셀로판지, 가는 철사, 단추 등 다양한 재료를 준비해둔다.

2. 정형화된 찰흙 작품이 아닌, 여러 재료를 사용해 세상에 단 하나뿐인 작품을 만드는 시간을 가진다. 다양한 재료를 사용하면 주변 사물을 관찰하는 능력도 향상된다.

3. 참고 작품은 되도록 지양한다. 아이들은 참고 작품을 그

대로 따라 해서 모두 비슷한 작품을 만들게 된다. 모방은 창의성의 시작이지만 참고 작품을 보여주면 반짝이는 아이들의 사고가 멈출 위험이 있다.

4. 작품을 만드는 순서에도 꼭 제한을 두지는 않는다. 순서에 맞게 조립하고 칠해서 완성하면 완성도는 높아도 창의성은 떨어진다. 또 아무 생각 없이 제시한 순서대로 만들면서 친구랑 잡담만 하는 경우도 있다.

참고 작품을 보여주거나 워크북 형태의 미술 수업을 통해 완성된 작품은 성공적으로 보이지만 아이들의 창의적인 작품은 기대할 수 없습니다. 그래서 늘 비슷한 수준에 머물게 되지요. 다양한 미술 재료를 사용하면 처음에는 작품 수준이 기대에 미치지 못하나 여러 재료를 다루면서 재료의 특징을 알아가고 창의성을 발휘할 기회가 생깁니다. 지금까지 해오던 방식대로 표현하다가도 색다른 준비물을 하나씩 사용하면서 자신만의 구상을 표현하려고 노력하지요.

여기서 미술 수업이 끝나는 게 아닙니다. 가장 중요한 활동이 남았어요. 완성 작품을 교실 뒤에 진열하고 무슨 의도로 만들었는지 친구들에게 말하는 시간을 가지는 것입니다. 미술 활동은 표현 활동입니다. 뭘 표현하려고 했는지도 전달할 줄 알아야 해요. 처음에는 주저하지만 계속 표현 활동을 병행하면 작품을 만들 때부터 무슨 말을 어떻게 할지 미리 생각하게 됩니다. 자신의 미술작품을 설명하면서 창의성이 향상되고, 미술작품의 결과보다 과정을 나누는 활동을 통해 생각이 풍부해지며 말하기와 듣기 능력도 향상됩니다.

### 자기 작품의 큐레이터가 되기

1. 작품 주제, 제작 의도, 제작 과정 등을 담은 작품 설명서를 쓴다.
2. 무엇을 나타낸 것인지, 처음 구상보다 잘 표현된 부분이나 아쉬웠던 점 등을 이야기한다.
3. 사용한 미술 재료 중에서 특별히 도움이 된 것은 무엇인지 친구들에게 소개한다.
4. 친구들은 설명을 들으면서 궁금한 점이 있으면 질문한다.

일단 작품을 완성하고 나면 진열해두고 감상하는 시간을 줍니다. 그다음 미술 시간에 자기 그림을 설명하게 하세요. 아이들은 설명 없이 감상했을 때와 설명을 듣고 나서 감상했을 때 또 다른 느낌을 받게 됩니다. 사소한 것에도 의미가 있음을 알고 친구의 작품을 대하는 태도가 달라집니다. 그러면서 친구의 작품을 소중히 여기게 됩니다. 서로를 이해하고 함께하는 삶의 이치를 도덕 시간뿐 아니라 미술 시간에도 배울 수 있습니다.

창의성의 의의는 바로 이런 것입니다. 온전히 내가 선택한 방법으로, 나만의 생각으로 미술작품을 만들면서 자신감을 얻는 것입니다. 이미 정해진 길을 따라가기보다는 비록 느릴지라도 이렇게도 해보고 저렇게도 하면서 새로움을 개척하고 희열을 느끼게 해주세요.

**Q** 옆 반과 함께 미술 수업을 하는 방법이 있을까요?

'나는 큐레이터' 수업을 해보는 건 어떨까요?

1. 점심시간을 이용하여 옆 반과 1:1 짝꿍 만들기
2. 서로의 미술작품을 가지고 작품 주제, 만드는 과정, 잘된 점, 고치고 싶은 점, 재료의 특성을 살린 점 등에 대해 자세히 물어보고 메모하기
3. 일주일 동안 시간을 주고 충분히 짝꿍의 작품을 탐구하는 시간 갖기
4. 일주일 후 옆 반 짝꿍의 작품을 큐레이터가 되어 우리 반 친구들에게 설명해주기
5. 시간이 모자라면 다음 시간에 나머지 설명 진행하기

이런 과정을 거치면 친구의 작품을 볼 때 좀 더 자세히 보려는 습관이 생깁니다. 작품을 이해하면 작품을 만든 사람까지도 이해하게 되므로 친구 관계가 좋아지고 생활지도를 할 때도 도움이 됩니다.

교사도 아이들도
행복해지는 독서지도법

## 독서 습관을
## 키우는
## 아침 독서 10분

아침마다 10분씩 책을 읽는다면 어떤 효과가 있을까요? 못해도 30분은 읽어야 하는 거 아닌가, 10분으로 머릿속에 뭐가 남나 의심스러울 수도 있어요. 하지만 때론 한 문장이 몇십 권의 책보다 더 큰 깨달음을 주기도 합니다.

『어떻게 말할 것인가』의 저자 카민 갤로는 '생각은 21세기의 화폐'라고 말했습니다. 아이들의 생각을 자극하고 생각 근육을 키워주는 일이 미래 사회를 위해 꼭 필요함을 저 역시 확신합니다.

아침 10분간의 독서 효과를 의심하지 마세요. 매일 책을 읽는 생활을 습관화하는 것만으로도 아이들에게 긍정적인 생각 근육을 키워줄 수 있습니다. 특히 초등학생들은 읽는 양을 늘리는 것보다 독서 습관을 기르는 것이 더 중요합니다.

### 아침 10분 독서 습관 들이기

1. 국어 교과서를 보고 학년별 교과연계도서를 정리해 표지를 뽑아 교실 옆 벽에 붙인다. 아이들은 오가며 도서 목록을 기억하게 된다.

2. 아침 독서 시간이 시작되면 무조건 10분 동안 독서하게 한다. 이때 교사도 모든 업무를 중단하고 독서한다. 교사가 보는 책 표지와 제목을 아이들에게 보여준다. 가끔 교사가 읽는 책을 부모에게 추천해주어 부모도 따라 읽게 되는 경우가 있기 때문이다.

3. 등교할 때 도서관에 들러 책을 대여해 오게 한다. 도서관 출입이 잦아지면 공간에 익숙해져서 편하게 다닐 수 있다.

4. 친구들이 읽고 있는 책을 관찰하면서 자연스럽게 다른 도서를 보는 기회를 얻는다.

5. 하교 때 책상에 책을 두고 가게 한다. 아이들이 돌아간 후 책상을 둘러보며 수준에 맞지 않는 책을 보고 있는 아이에겐 다른 책을 권유한다.

6. 3주 정도 지나서 자기가 읽고 있는 책을 친구에게 추천하는 시간을 가진다. 추천받은 도서는 마찬가지로 표지를 출력해 교실에 붙여놓는다.

7. 책을 끝까지 읽지 못하는 아이들은 목차를 보고 읽고 싶은 부분만 읽어도 된다고 알려준다. 일단 독서를 시작하는 것부터가 중요하다.

8. 가장 중요한 것은, 어떤 경우에도 독서 시간 10분을 지켜야 한다는 점이다. 무의식적으로 독서를 체화하기 위함이다.

아침 독서 시간이 다가오면 교사는 말없이 책을 폅니다. 아이들은 시계를 확인한 후 조용히 책을 펼치죠. 말보다 행동이 더 효과적입니다. 선생님부터 시작해 몇몇 아이들이 스스로 독서를 하면 그 고요한 분위기에 눈치를 보게 되고 그렇게 독서를 싫어하는 아이도 일단 책을 펴게 됩니다.

물론 아침 독서를 꾸준히 한다고 해서 모든 아이가 독서를 좋아하게 되지는 않습니다. 그래도 10분간의 독서가 즐거움을 준다는 걸 한 번이라도 경험하는 아이들이 늘어나면 그걸로도 의미가 있습니다. 특히 남학생들은 어느 정도 책을 읽으면 자기가 책을 읽었다는 그 자체에 매우 뿌듯해하고 신기해합니다. 그런 긍정적인 감정이 계속해서 독서를 하게끔 이끌어주죠.

평소 활달하고 다소 소란스러운 아이들은 처음엔 어쩔 수 없이 책을 펼칩니다. 그러다가 이내 좀이 쑤셔서 장난을 치려 하지요. 친구와 떠들기도 하고 자리를 이탈하려고 엉덩이를 들썩입니다. 그래도 혼내지 않고 모른 척해야 합니다. 교사는 그저 책을 계속 읽으면 돼요. 선생님이 앞에서 책에 집중해 있는 걸 보면 눈치를 안 볼 수가 없습니다. 또한 선생님이 가까이에 있으니 읽으면서 의문점이 생기면 교사에게 바로 물어볼 수 있습니다.

10분이란 시간은 아이들이 집중할 수 있는 가장 적절한 시간입니다. 특히 반 전체가 집중할 수 있는 짧지도 길지도 않은 시간입니다. 아이들은 요즘 틈만 나면 스마트폰으로 게임을 하거나 영상을 봅니다. 그러니 학교에서만이라도 아침마다 10분씩 독서를 하게 해주세요. 별것 아닌 이 10분이 쌓이고 쌓이면 독서에 익숙해집니다.

아침 독서 시간을 더욱 풍요롭게 해주는 몇 가지 팁이 있습니다. 먼저 책의 물성에 집중해보는 시간을 가지는 것입니다. 독서에 익숙해지려면 자주 책을 만져야 합니다. 종이 질감을 만져보고 냄새를 맡으며 오감으로 책을 느끼게 하세요. 꼭 내용을 읽고 이해하도록 지도할 필요는 없습니다. 표지 그림이나 책 속 삽화를 보는 것도 뇌에 자극이 됩니다.

자기만의 특별한 책갈피를 만드는 것도 좋습니다. 직접 그리거나 오리고, 스티커를 붙이는 등 다양한 방식으로 여러 개의 책갈피를 만들어서 자기도 쓰고 친구에게 선물도 하면 독서 시간이 더욱 재미있게 다가옵니다. 예전에 한 아이가 저를 캐릭터처럼 그려서 책갈피를 만들어 선물해준 적이 있었어요. 저는 그 아이가 준 책갈피를 매일 아침 독서 시간마다 잘 사용했습니다. 그러자 선물해준 아이가 매우 뿌듯해하며 책 읽기에 더 집중하더라고요. 독서는 지식만 채우는 게 아니라 책을 읽는 환경 속에서 성장하는 일이라는 걸 그때 저 역시도 느낄 수 있었습니다.

출판사는 어디이고 이 출판사에서 나온 다른 책들은 뭐가 있는지, 작가는 누구이고 작가의 생애는 어땠는지 아이들과 같이 알아봅니다. 이렇게 한 책에서 다른 책으로 자연스럽게 넘어갑니다. 만약 학교 도서관에 그 책이 없다면 도서관에 희망 도서 구입을 요청하게 하세요. 그 책이 학교 도서관에 비치될 때까지 기다리는 설렘도 느낄 수 있을 테니까요.

가끔 아이들은 읽을 만한 책이 없다며 아침 독서 시간을 부담스러워합니다. 사실은 자신이 어떤 분야의 책을 좋아하는지 몰라서 그럴 수 있습니다. 이런 아이들에게 무작정 학교 도서관에서 책을 대여해 오라고 하면 여기저기 기웃거리다 그냥 아무 책이나 골라 옵니다. 당연히 독서가 지루하고 싫기만 하겠죠. 우연히 취향에 맞는 책을 고르더라도 그건 한 번일 뿐, 다음 독서 때면 또다시 무슨 책을 읽어야 할지 몰라 어물댑니다.

이런 아이들은 평소 교과 수업 시간에 관심이 가는 영역을 발견하도록 도와주세요. 수업 내용보다 심화된 지식을 궁금해하는 아이에게는 설명 대신 관련된 책을 추천해줍니다. 또 평소 자신 있는 과목이나 제일 좋아하는 과목을 교사가 알아두었다가 연관된 책을 추천해주세요. 이렇게 자기가 깊이 파고들 수 있는 분야의 책을 스스로 찾아가도록 도와줍니다.

아침 독서 10분은 교사에게도 필요한 시간입니다. 하루 종일 시끌벅적한 아이들의 소음에 파묻혀 사는 교사들도 조용히 책을 읽으면서 마음을 정리할 수 있습니다. 아침부터 정돈된 반 분위기 속에서 아이들이 침착하게 다음 수업에 참여하도록 이끌 수도 있지요. 오늘부터 아이들과 10분 독서로 삶을 더 풍요롭게 하는 추억을 쌓아보세요.

**Q** 교사가 하루 10분만 독서해도 도움이 될까요?

독서에 많은 시간을 할애하여 자신의 성장판으로 이용하는 것도 중요하지만, 때론 단 10분이라도 책을 펼치고 복잡한 마음을 정리하는 것도 필요합니다. 10분이 짧은 것 같아도 그 시간 동안 마음이 차분해지고 지적 호기심이 자극됩니다. 어른들은 이러한 시간이 쌓이면 성찰하는 시점이 옵니다. 무릎을 치게 하는 구절을 발견하거나 생전 해보기 어려운 일들을 간접 체험하면서 오늘보다 더 나은 내일을 기대하는 마음도 생겨나지요.

학급 아이들에게 독서하는 모습을 보여주는 일도 중요하지만 결국 아침 독서 10분은 교사 자신이 어떻게 살 것인지 스스로 물어보며 배워가는 시간이기도 합니다. 교직 생활에서 느끼는 답답한 마음도 책을 통해 풀어가세요. 긴 시간이 중요한 게 아니라 지금 내가 책을 읽고 있다는 사실이 더욱 중요해요.

❀ ❖ ❀

## 독서 활동 따로,
## 교과서 공부
## 따로?

청소보다 더 귀찮고, 미뤄둔 숙제보다 더 부담
스러운 일. 바로 독서입니다.

어른들은 아이들에게 늘 책을 읽으라고 잔소리를 합니다. 그런데 정작 어른들은 독서를 잘하고 있나요? 요즘 우리나라 독서율을 보면 그건 아닌 것 같습니다. 코로나 이후 각종 영상 플랫폼이 우리의 절친이 되면서 마음의 양식인 책을 멀리하고 눈의 간식인 영상만 가까이하고 있어요. 아이들은 온라인 수업에 익숙해져서 교과서 보기보다 모니터 앞에 앉는 걸 더 즐기는 것 같기도 합니다.

독서는 살아가면서 꼭 필요한 인생 공부입니다. 이제는 미뤄둔 독서를 다시 시도해봐야 합니다.

먼저 책과 친해지기 위해 책과 놀아봅시다. 그런데 무작정 책 한 권씩 대여해 와서 읽어보라고 하면 아이들이 책과 놀 수 있을까요? 아니요. 오히려 수업 시간에 책을 빌려 오라고 보내줬으니 이때다 하고 친구와 놀다가 책은 대충 하나 집어올 겁니다. 그런 책하고는 친해지려야 친해질 수가 없죠. 어떤 애들은 책 고를 시간을 무한정으로 주니까 20분이 넘어가도 못 고르는 답답한 모습을 보입니다. 그런 아이를 다그쳐서 책을 고르게 해도 교실에 돌아오면 책은 뒷전이고 친구들과 수다를 떨기만 합니다.

자, 이제 이런 상황을 역전하는, 내가 읽고 싶은 책을 찾아 친해지는 연습을 해볼게요.

## 내가 놓고 싶은 책을 찾는 법

1. 학교 도서관에서 책을 고르게 한다. 이때 시간은 7분만, 권수는 3권으로 정해준다. 시간을 더 주면 놀다가 오는 아이가 생긴다.

2. 책을 나열하기 좋고 아이들이 쉽게 책을 볼 수 있는 ㄷ 자 모양으로 책상을 배열한다.

3. 책 표지가 보이도록 책상에 무작위로 전시한다.

4. 표지만 보고 읽고 싶은 책을 3권씩 골라 제목을 포스트잇에 쓰게 한다. 포스트잇 1장에 책 제목 하나만 쓴다.

5. 칠판에 모든 도서명을 적어둔다. 아이들은 자신이 제목을 쓴 포스트잇을 책 제목에 맞게 찾아 붙인다.

6. 왜 그 책 제목이 마음에 들었는지 이야기를 나눈다.

이렇게 한 달 동안 대여와 반납을 진행합니다. 일주일에 두세 번 정도 하다 보면 아이들은 어떤 책이 자기의 마음을 끄는지 알게 됩니다.

그다음 달부터는 교과 수업과 독서를 연계한 활동으로 넘어갑니다.

## 교과서와 도서관의 책을 함께 읽는 독서법

1. 읽고 싶었던 책 1권을 대여해 온다.

2. 목차를 보고 전체 내용을 유추해 세 문장으로 정리해본다.

3. 표지만 보고 선택했는데 목차를 보니 흥미가 떨어지진 않았는지 확인한다. 이를 통해 목차의 중요성을 배울 수 있다.

4. 이런 방법으로 2주 동안 일주일에 두세 번 진행한다.

5. 도서명으로 관심 분야 알아보기, 목차로 내용 유추하기가 끝나면 서문을 읽는다. 작가가 왜 이 책을 썼는지를 중점으로 읽게 한다.

6. 이후 2개월에 걸쳐 목차 읽기를 통한 책 골라오기를 하고 수업과 연관 지어본다.

예) 아프리카 사람들이 사는 가옥이 나오는 단원

– 모둠별로 역할을 나누어 가옥의 재료, 건축 방법, 지역 특성에 맞는 가옥 구조, 생활 모습 등을 구분해 관련 도서를 대여한다. 도서관에 책이 많지 않으므로 모둠별로 한두 권씩만 대여한다. 대여해 온 도서를 이용해 각 모둠이 부여받은 조사 내용을 정리한다.

대여한 책으로 공부하고 나면 아이들은 책의 중요성을 알게 됩니다. 뭔가를 알고 싶을 땐 교과서뿐 아니라 도서관에 가서 책을 빌려 보는 습관도 생기게 되죠. 또 교과서와 대여한 책을 같이 활용해 공부하면 배운 내용을 더 정확하게, 오래 기억할 수 있습니다.

'독서 활동 따로, 교과서 공부 따로'가 아니라 2가지를 병행해야 독서가 덜 지루하고 수업도 더 재미있어집니다. 지식이 쌓이는 경험을 하면서 책을 통해 뭔가를 알아가는 재미를 느끼게 되지요. 독서의 출발점은 궁금증에서 시작됩니다. 그 물음표를 독서 시간과 수업 시간에 느낌표로 만드는 것입니다.

책과 친해지기도 전에 독서하라고 강요하면 책과 점점 멀어질 뿐입니다. 억지로 앉아 있는 시간은 불편한 기억으로 저장되어 책만 생각하면 인상을 찡그리는 아이도 있습니다. 책과 친해지는 연습을 학급 친구들과 같이 하면서 독서에 빠지게 되면 집에서도 독서하는 모습을 볼 수 있습니다.

**Q** 독서는 단시간에 습관을 들이기 어려운데, 책을 절대로 읽지 않는
아이들의 관심을 끌 수 있는 간단한 방법이 있을까요?

독서는 마라톤이죠. 단박에 독서 습관이 들기는 어렵습니다. 이럴 때 교사가 아이들이 읽고 있는 책 중에서 아이들의 관심을 끌 만한 책이 있는지 살펴봅니다. 그다음 선택받은 그 아이가 앞에 나와서 5분 동안 다른 아이들의 질문을 받습니다. 다른 아이들은 그 책을 읽지 않은 상태에서 표지만 보고 궁금한 것을 물어봅니다.

예시) 주인공의 성격 / 주인공이 지금 있는 곳 / 도서명과 책표지
삽화의 관계 / 이 책과 비슷한 책 추천하기

그냥 읽으라고 하면 관심을 안 보이는데 책에 대해서 서로 이야기를 나누다 보면 다음엔 자신이 앞에 나가 질문을 받고 싶다는 아이가 나타날 겁니다.

이처럼 간단한 활동으로 짧은 시간에 아이들의 집중도를 높일 수 있습니다. 아이들은 교과 공부가 아니라서 부담 없이 다음 차례를 기다릴 겁니다.

## 한 줄
## 독서록의
## 힘

아이들은 독후감을 쓰라고 하면 복사한 것처럼 모두 비슷한 내용을 씁니다. 대부분 줄거리를 길게 쓰고 마지막에 감상을 딱 한 줄로 채웁니다. 마지못해 쓰긴 했으나 '나의 생각'은 절대 알려고 하지 말라는 무언의 항변처럼 말입니다.

재미있게 읽었다.

다음에 비슷한 책을 읽고 싶다.

친구한테 읽으라고 이야기해야겠다.

독서가 힘들었지만 그래도 다 읽고 나니 뿌듯하다.

아이들이 깊이 있게 책을 읽고 자신의 생각을 녹인 독후감을 쓰기를 원하세요? 교사인 우리는 어떻게 도와야 할까요?

## 한 줄 독서록을 쓰는 방법

1. 도서명, 작가명, 출판사명, 읽은 날짜 기록하기

작가명을 알아두면 책이 재미있어서 또 읽고 싶을 때 그 작가의 다른 책도 찾아보게 된다. 또 출판사마다 발행하는 책의 종류가 다르기도 하므로 출판사를 알면 책을 검색할 때 도움이 된다. 읽은 날짜를 기록하면 자신의 독서 역사를 한눈에 볼 수 있다.

2. 독서할 때마다 마음에 와닿는 문장을 간단하게 한 줄로 기록하기

좋은 문장을 고르는 연습이 선행되어야 좋은 책을 고르는 요령이 생긴다. 생각을 쓰는 것이 아니라 한 문장을 필사하는 것이므로 아이들이 부담을 느끼지 않는다.

3. 다음 책을 읽을 땐 새로운 페이지에 한 줄 기록 남기기

공간을 채우기 위해 거의 필사하는 식으로 한 줄 기록을 하는 건 별로 의미가 없다. 그날 읽은 부분 중에서 가장 와닿은 한 문장을 남겨두기 위함이므로 공책 한쪽을 다 쓰지 못해도 그냥 비워두게 한다.

4. 한 줄 독서록이 어느 정도 채워지면 가장 마음에 드는 한 문장을 골라 필사한 다음 친구의 책상에 붙이기

편지를 쓰는 것이 아니라는 걸 확실히 알려주고 진행한다. 편하게 내가 감명받은 문장을 써서 주는 것임을 알아야 부담이 없다. 이 활동을 통해 한 줄 독서록을 받는 친구도 간접 경험을 할 수 있다.

5. 교실에 우편함을 만들고 일주일에 한 번 정도 좋은 문장을 써서 넣게 하기

도서명과 좋은 문장, 작성자 이름을 같이 쓴다. 2주가 지나면 우편함을 열어 각자 한 개씩 가져간다. 그리고 작성한 친구를 찾아가 이 문장이 왜 좋은지 대화를 나눈다. 이 활동을 하다 보면 좋은 문장을 고르는 연습이 저절로 된다.

6. 한 달이 지나면 둘러앉아 한 명씩 자신이 고른 문장이 어떤 힘을 주었는지 이야기 나누기

독후감을 글로 쓰진 않았지만 그걸 친구와 나누면 생각을 정리하는 좋은 기회가 된다. 친구의 생각을 듣고 따라 하면서 좋은 문장이 주는 힘도 배울 수 있다.

한 줄 독서록의 핵심은 오늘 읽은 책에서 마음에 와닿는 한 문장만 골라 쓰는 것입니다. 학급 친구들과 내가 고른 한 문장으로 대화하면서 독후감 쓰기의 부담을 줄여주세요.

## 한 줄 독서록 예시

| 도서명 | 언제 들어도 좋은 말

| 작가 | 이석원　　| 출판사 | 을유문화사　　| 읽은 날짜 | ○월 ○일

○ 내가 고른 한 문장

너무 아쉬워 마.
모든 것에 여전히 새로운 시작이 기다리고 있을 뿐이니까.

○ 느낀 점

오늘 할 일을 제대로 해내지 못해도 다시 시작할 기회는 있다.
내일이 있기 때문이다. 언제나 새로운 시작이 기다리고 있었는데
늘 불안해하며 조급해했다. 이젠 조금 마음이 편해진다.
내일엔 또 다른 실패가 아니라 새로운 시작이 있기 때문이다.

○ 이 말을 추천해주고픈 친구에게 편지 쓰기

미선아, 어제 미술 시간에 작품을 끝까지 완성하지 못해서
속상해했잖아. 나만 완성해서 미안하기도 했어.

수업 마치고 학원에 가야 해서 도와주지 못하고 그냥 가서
미안했어. 그런데 내가 책을 읽으면서 이런 문장을 발견했어.
**"너무 아쉬워 마.**
**모든 것에 여전히 새로운 시작이 기다리고 있을 뿐이니까."**
나도 늘 뭔가 잘 안 될 때 속상하고 겁이 나기도 했는데
이 문장을 읽고서 새로운 시작이 있다는 걸 알았어.
다시 시작하면 되는 거야.
우리 모두에겐 늘 새롭게 시작할 기회가 있으니까.
다음부터는 어려운 일이 생겨도 새로운 시작이 기다리고 있으니
다시 하면 된다는 걸 꼭 기억하려고 해. 너도 그랬으면 좋겠어.
책을 읽으니 이렇게 마음이 단단해지는 연습이 되는구나.
너도 책을 읽고 좋은 문장이 있으면 나한테 꼭 소개해줘.

처음에는 책을 읽으면서 마음으로 느껴지는 문장, 기억에 남
는 문장을 쓰라고 하면 잘 못 할 수도 있습니다. 그러나 2주만
연습하면 문장을 제법 잘 고르는 걸 볼 수 있답니다.

아침 10분 독서 시간에 한 줄 독서록도 함께 쓰게 하세요. 10
분 안에도 학년에 상관없이 아이들은 중요한 문장을 잘 찾아
기록합니다. 때론 교사도 끄덕거리게 하는 문장을 기막히게 잘
고르기도 해요. 한 줄 독서록 쓰기와 독서를 병행하면 정독의
효과를 볼 수 있습니다. 그냥 읽기만 했을 때보다 더 오래 책

내용을 기억하지요.

무엇보다 책에 있는 문장으로 독후감의 기본 골격을 만들었기 때문에 추후 독후감을 쓰면 책 내용과 맞지 않는 글은 나오지 않습니다. 독후감이 독서를 부담스럽게 하죠? 한 줄 독서록을 쓰기 시작하면 공책의 빈칸을 글로 채워야 하는 부담이 없어집니다.

한 줄 독서록이 쌓이면 생각하는 힘이 생깁니다. 타인에게 어떤 말로 마음을 전달해야 하는지 배우게 되지요. 아이들은 쓰는 언어가 한정되어 있어서 마음을 나타내는 표현 활동을 매우 어려워합니다. 그러나 독후 활동을 많이 할수록 언어가 풍부해지고 감정을 건강하게 표현하며 글로 생각을 나타내는 방법을 터득하게 됩니다.

한 줄의 문장이 평생의 친구가 되기도 하고, 절망에 빠졌을 때 다시 일어설 힘이 되어주기도 합니다. 글의 힘을 경험하면 책이 친구가 되는 길도 멀지 않았습니다.

**Q** 아무리 노력해도 독서를 정말 힘들어하는 아이들은
어떻게 할까요?

독서의 장점은 무궁무진하죠. 그래서 아이들에게 책을 읽히려
고 다양한 독서 방법을 활용하는 선생님이 많을 거예요. 하지만
갖가지 방법을 다 써도 책 읽기를 너무 괴로워하는 아이가 종종
있습니다.

이럴 땐 학년에 상관없이 그림 동화책을 추천해봅니다. 흥미
가 먼저이므로 책이 재미있다는 경험을 주기 위함입니다. 이렇
게까지 했는데도 절대로 책을 읽지 않겠다고 버티는 아이가 있
다면 너무 강요하지 마세요. 독서에 대한 반감만 생기니까요. 다
만 아침 10분 독서를 통해 친구들이 책 읽는 모습을 보여주세요.
어느 정도 시간이 지나면 슬슬 자신도 책을 대여해 오려고 하고
몇 장 읽는 시늉을 하기도 합니다.

누구나 반드시 책을 읽어야 한다는 전제가 오히려 독서에 대
한 흥미를 저하시킵니다. 아주 천천히 독서 분위기에 젖어가게
하세요. 다른 아이들보다 느려도 모른 척 한동안 그냥 두는 것
도 방법입니다.

독서 흥미를
끌어올리는
독서 전 활동

한 번도 읽어본 적이 없는 동화책으로 생각을
나누는 활동을 해보면 아이들이 부담 없이 몰입
하게 됩니다.

## 독서 전 활동: 동화책 내용 추리하기

1. 도서명을 가리고 책 표지 그림을 보면서 제목 지어보기

도서명을 맞히기보다 등장인물, 배경, 특징에 대해 상세히 이야기를 나누는 게 초점이다. 아이들 나름대로 도서명을 만들어보고 그 이유도 말해보게 한다. 보통 책 표지는 책의 전체 내용을 함축하고 있지만 대체로 슬쩍 보고 넘기는 경향이 있다. 꼼꼼하게 책 표지를 관찰하면서 미술 시간에 사용할 구성이나 색감을 배울 수도 있다. 이 활동은 그 나름대로 추리하는 놀이와 같아서 학년에 상관없이 모두 열심히 참여하는 편이다.

2. 아이들이 지은 도서명에서 3개 정도 선정하기

아이들이 선정한 도서명이 실제 도서명과 같은지 지대한 관심을 보이며 책에 대한 흥미도가 올라간다.

3. 아이들이 선정한 도서명과 실제 도서명을 비교하여 어떤 제목이 가장 유사한지 비교해보기

실제 도서명을 보여주고 나면 아이들은 책 자체에 더 관심을 갖고, 독서 활동에도 적극적으로 참여하게 된다.

4. 제목과 표지 그림을 토대로 어떤 내용일지 유추하기

다양하게 이야기를 구성해본다. 참여도를 높이기 위해 모둠별로 활동하면 더욱 좋다.

5. 1쪽부터 책장을 넘기며 삽화를 보면서 질문하기

예) 1쪽에 숲속에 홀로 서 있는 주인공이 그려져 있다면

> Q. 주인공이 숲속에 서 있는데 다음에는 어떤 행동을 할까요?

> Q. 만약 자신이라면 어떻게 하고 싶나요?

> Q. 혼자 걸어가는데 누구를 만날 것 같은가요?

> Q. 어디로 무엇을 하러 가는 길일까요?

> Q. 주인공의 현재 마음 상태는 어떨까요?

> Q. 주인공은 앞으로 어떤 일을 하고 싶어 할까요?

> Q. 지금 입은 옷을 바꿔준다면 어떤 옷이 좋을까요?

위와 같이 그림을 보면서 다양한 질문을 만들어 묻는다. 이때 질문은 교사만 하지 않고 아이들도 질문을 하도록 유도한다. 책 내용을 유추하는 묻고 답하기를 통해 아이들을 책속으로 끌어들일 수 있다.

처음에는 쪽수가 적고 그림이 많은 동화책을 선택하고, 서서히 쪽수가 많고 그림이 적은 책으로 나아갑니다. 학급 아이들이 모두 그림을 자세히 볼 수 있게 크기가 큰 책을 골라주세요. 동화책의 그림을 함께 보며 책에 흥미가 없는 아이도 관심을 갖습니다. 아이들은 분명 다음에 또 독서를 하고 싶은 마음이 생길 겁니다.

학급에서 선정한 동화책은 아이들이 이틀 안에 학교 내에서

모두 읽어야 한다는 조건을 답니다. 그러면 책 내용이 궁금해진 아이들은 자기 순서를 기다리며 독서에 대한 기대감을 키우고 책을 읽을 때 집중도 잘합니다.

이 활동에서 아이들의 성격이 보이기도 합니다. 울창한 숲 앞에 주인공이 서 있는 그림을 보고 겁이 많은 아이는 무서운 동물이 나올 것 같다고 대답합니다. 호기심이 많은 아이는 탐험하고 싶다고 대답하지요. 만들기를 좋아하는 아이는 어떤 나무로 집을 지을까 고민 중이라고 답합니다. 어떤 답을 하든, 아이들은 각자의 기질을 바탕으로 자신만의 상상의 세계를 구축하고 즐깁니다. 학급 전체가 함께 참여하는 활동이지만 각자의 세상도 충분히 만들어나가는 것이죠.

준비물이 많으면 교사도 바쁘고 아이들은 활동이 많아지므로 집중도가 떨어집니다. 하지만 동화책 추리 활동은 책 한 권으로 학급 아이들의 생각을 엿볼 수 있기에 생활지도 면에서도 큰 도움이 됩니다. 아이들과 하기 전에 먼저 동료 교사끼리 해 보세요. 얼마나 즐거운지를 교사가 알아야 아이들을 잘 참여시킬 수 있습니다.


**"교육의 가장 커다란 목적은 지식이 아니라 행동이다."**


영국의 사상가 허버트 스펜서의 말입니다.

독서에 이 말을 적용해보면, 독서에도 지식을 알아가기 전에 서로의 생각을 말하고 느낌을 공유하며 협응하는 활동(행동)이 필요하다고 할 수 있겠습니다. 독서는 가만히 앉아 활자를 읽는 활동이 아닙니다. 그전에 내용을 유추하며 즐거움을 공유하고 느낌을 그림으로 표현해야 책을 통한 교육이 온전히 이루어지리라 믿습니다.

**Q** 시간을 내서 책을 읽는 게 너무 부담이 되는데
어떻게 하면 될까요?

수업과 학부모 대응, 행정 업무로 하루하루가 분주한 우리 선생님들, 독서할 엄두도 못 내고 있는 걸 충분히 공감합니다. 이럴 때는 내가 좋아하는 게 무엇인지 찾아봅니다. 예를 들어 요리에 관심이 많다면 요리사의 활동이나 요리가 발달한 나라 등을 주제로 정하고 독서를 시작합니다.

1. 관심 내용과 관련된 도서 목록을 5개 정도 만들고 도서 대출받기
2. 대출받은 책을 책상에 올려놓고 도서명만 하루에 한 번씩 훑어보기
3. 2주 동안 책상에 올려두고 책 제목만 보고, 2주가 지나면 그 중에서 특히 관심이 가는 책 2권만 남기고 모두 반납하기
4. 남은 책 2권 중 목차를 보고 읽고 싶은 꼭지만 펼쳐서 읽기
5. 평소에 궁금했던 점들이 해소되면 독서는 성공!
6. 다른 것을 더 알아보고 싶다면 주제 다시 잡아보기
7. 6번에서 잡은 주제를 중심으로 3권을 대여하여, 일주일 정

도 목차만 보고 읽고 싶은 책 한 권만 남기고 반납하기

　읽지도 않고 반납하는 책이 있으니 뭔가 찜찜할 수도 있을 거예요. 하지만 그에 대한 부담은 털어버리세요. 완독하지 못한 실패감에 집중하지 말고 끝까지 관심을 갖고 읽은 책에 집중해 독서를 성공한 기억으로 마무리하는 게 중요합니다.

　다른 통로로 가려면 계단이 필요합니다. 나를 더 나은 곳으로 이끌어가기 위해 첫 계단을 밟는다는 마음으로 목차부터 읽어보는 연습을 시작해볼까요?

**7 교시**

감정 소모 없이
학부모, 학생 상담하는
꿀팁

❈ ◆ ❈

# 1년 상담
# 타임 테이블
## 짜기

교육과정처럼 담임교사도 연간 상담 계획을 세워야 합니다. 구체적인 건 실제 상담 내용을 정리할 때 생각하더라도 연간 상담 타임 테이블을 간단하게 짜두는 게 좋아요. 그래야 학부모와 처음 만나 무슨 얘기부터 꺼낼지 생각할 수 있습니다.

요즘은 정기 상담에서 상시 상담으로 변경된 학교가 많지만 여기서는 정기 상담 위주로 계획해보겠습니다.

## 정기 상담 타임 테이블

| 일자 | 상담 내용 |
| --- | --- |
| 3월 1학기 초 | **학부모에게 인사 편지 보내기**<br>간단한 담임 소개 및 학급 교육 방향을 전달한다는 의미로 간략히 쓴다. |
| 1학기 초반 | **한 명당 2분씩 할애해 학부모들에게 안부 전화하기**<br>정식 상담이 아니기 때문에 통화가 어려운 학부모는 그냥 넘어가도 된다. 2분간 친밀도를 올리는 데 주력한다. 만일 이때 상담하려는 학부모가 있다면 인사차 연락한 것임을 설명하고 통화를 마친다. |
| 1학기 중 | **학교 연간 계획에 따른 1학기 상담 실시**<br>가정환경 조사서를 바탕으로 실제 1학기 상담을 실시한다. 학부모가 당부하는 게 무엇인지 확인하고 메모해둔다. |
| 1학기 말 | **학기 초 상담했던 내용과 병행하여 통화가 필요한 학부모에게 전화하기**<br>교사도 학기 말에는 바쁘기 때문에 꼭 추가 통화가 필요한 학부모에 한해서 전화한다. 한 학기 동안 좋은 방향으로 변화된 내용을 칭찬하고 2학기에 더 |

성장하리라 믿는다고 전한다. 단점을 많이 이야기
하면 1학기 내내 쌓아온 신뢰가 깨질 수 있으므로,
여름방학 동안 학부모가 가정에서 신경 쓸 부분을
한 가지 정도만 알린다.

여름방학 때는 2학기를 위한 에너지를 비축할 수 있도록
교사란 사실도 잊어버리고 마음껏 즐기고 쉬기

| | |
|---|---|
| 9월 2학기 초 | **학부모에게 편지 보내기**<br>1학기와 마찬가지로 2학기 초에도 아이들과 어떻게 지낼 것인지 간단히 적어 편지를 보낸다. |
| 2학기 중 | **2학기 상담 실시**<br>1학기보다 성장한 내용에 대해 칭찬하고 진짜 고쳐야 할 행동 한 가지만 이야기한다. |
| 겨울방학 직전 | **1년간의 추억을 동영상으로 만들어 마무리 인사하기**<br>1년간 함께한 소중한 추억을 담은 영상에 간단한 문구를 넣어서 마무리 동영상을 제작한다. 이를 위해 평상시 틈틈이 아이들이 활동하는 모습, 현장학습 장면, 급식 먹는 모습 등을 촬영해둔다. 영상은 2분 정도면 충분하다. 이는 학부모에게 전달할 영상이지만 교사에게도 아이들과 보낸 1년을 추억할 뜻깊은 선물이 된다. |

새로운 1년을 시작하며 어떤 학부모를 만나게 될지, 그들과 트러블이 일어나진 않을지 염려되는 마음, 충분히 이해합니다. 그러나 연간 상담 계획을 세워두고 어느 시기에 어떤 상담을 해나갈지 미리 기준을 잡아두면 첫 상담부터 무리하지 않고 잘 해낼 수 있습니다. 100% 완벽한 상담은 없습니다. 아이의 성장 가능성을 믿고, 모든 걸 교사가 해결하리란 책임감은 내려놓고 상담을 시작하세요.

모두를 완벽하게 이끌어갈 순 없어도 모두가 함께 천천히 가는 것은 가능합니다. 선후배 교사와 함께 상담 네트워크를 구축하여 서로 돕다 보면 상담이 더욱 수월해질 것입니다.

상담을 하면서 마음속에 답답함이 쌓이더라도 그걸 내일로 가져가지 마세요. 오늘 털어버리는 연습을 통해 다음 상담을 가볍게 시작해야 합니다.

**Q** 학부모에게 어떤 내용의 편지를 보낼까요?

1. 계절 인사
2. 학급 아이들 처음 만났을 때 느낌
3. 한 해 동안 담임교사의 교육 중점 안내
4. 해당 학년에서 가장 중요한 활동 3가지 안내
5. 마무리 인사

편지는 A4 한 장을 넘지 않는 선에서 작성하되 글씨는 너무 빼곡하지 않게, 문단을 나누며 여백을 줍니다. 그래야 편지를 읽는 학부모들도 가벼운 마음으로 읽을 수 있습니다.

# 교육과 양육의
# 경계는
# 확실하게

요즘 교실에선 도대체 교사가 어디까지 해야 하나 싶을 정도로 양육에 가까운 일들이 교사에게 주어집니다. 쉬는 시간, 점심시간에도 교실에서 아이들과 함께하며 아이들만큼의 에너지를 종일 유지해야 하지요. 그래서인지 아이들이 전부 하교하고 나면 머리가 멍해지면서 몸이 방전되는 느낌까지 듭니다. 그러나 쉬는 것도 잠시, 곧 행정 업무를 처리해야 합니다. 그러고도 끝이 아닙니다. 마지막으로 가장 에너지를 쏟아야 하는 학부모 상담이 남아 있습니다.

아이들끼리 다투기라도 하면 아이들의 감정을 정리해주고 마음을 어루만지기보다 그들의 부모들을 달래주고 화해시키는 데 더 많은 에너지를 쏟아야 하는 실정입니다. 아이들의 마음은 뒷전인 학부모와 끝나지 않을 것 같은 기나긴 전화 통화로 몇 주를 보내고 나면 교사에겐 수업에 쓸 에너지마저 바닥이 납니다. 막상 아이들은 조금만 상담해주면 화해하고 다시 잘 노는데도요. 물론 사안이 심각한 경우라면 학교 절차에 의해 사안 처리를 하겠지만, 웬만하면 아이들 선에서 사과와 상호 이해를 이룩하고 다시 잘 지내는 경우가 더 많습니다.

이처럼 교육인지 양육인지 분간할 수 없는 상황이 벌어지는 초등교육 현장에서, 교사는 상담을 하면서도 대체 어디에 얼마만큼 기준을 두어야 할지 헷갈립니다. 저자세로 나가면 교사가 뭔가 잘못한 게 있다고 오해하며 자녀의 모든 행위의 책임을 교사에게 돌리는 경우가 있습니다. 반면에 이건 아니라고 강하게 말하면 곧바로 민원을 넣지요.

그래서 깊이 있는 대화가 필요하다면 대면 상담이 필수입니다. 전화는 표정을 볼 수 없어 오해의 여지가 많고 학부모에게 대화의 주도권을 빼앗길 수 있기 때문입니다. 교실이란 환경에선 교사의 권위가 다소 지켜집니다. 웃는 표정과 제스처가 대화의 양념이 되어 학부모와 교사의 감정이 의도하지 않은 다른 방향으로 흘러가지 않도록 잡아줄 수 있지요.

그렇다면 학교에서의 교육과 훈육의 범위, 가정교육의 경계는 어떻게 구분할까요?

## 교육과 양육의 경계

1. 교사는 지식과 기술 따위를 가르치며 인격을 길러주는 '교육'을 하는 사람임을 인지하기

요즘은 지식과 기술은 가르치지만 인격을 길러주기는 어려운 실정이다. 옳고 그름을 가르치기보다 오직 '사랑'이라는 이름으로 잘못까지 덮어주는 경우가 태반이다. 제대로 된 사랑은 따끔한 잔소리도 필요하다. 이렇게 자란 아이들이 성인이 되어 올바른 판단을 할 수 있을지 생각하면 그 답은 뻔하다.

2. 교사는 교실에서 교육과 양육의 경계 구분하기

교육은 지적, 정의적 영역에 해당하는 모든 활동을 이르며 양육은 가정에서 아이가 스스로 구분하고 행동하도록 가르치는 것이다. 양육은 교육의 파트너라고 할 수 있다. 예를 들어, 학습과 관련된 활동, 단체 생활에서 기본적으로 갖추어야 할 덕목과 관련된 활동, 특히 안전에 관련된 활동 등이 교육에 속한다. 그런데 가정에서 마땅히 챙겨야 하는 교육적인 부분임에도 학교에서 가르치기를 원하는 경우가 많아 이를 충족하기는 매우 어려운 상황이다.

예를 들면 약을 챙겨 오면 밥 먹고 스스로 약 먹기, 준비물이 없으면 친구한테 빌리기, 어려운 생리적 현상이 나타나면 교사에게 도움 요청하기, 외투나 학교에서 사용한 물건은 스스로 챙겨가기, 시간 맞춰 방과후교실 가기, 과제나 준비물을 이해하지 못하면 아이 스스로 친구의 도움을 받거나 교사에게 연락하기, 체육 시간에 몸이 아파 불편하다면 교사에게 말하기, 친구 전화번호 스스로 알아내기, 옷에 물감이 묻으면 울지 말고 화장실에서 닦거나 방과후 집에 가서 갈아입기, 연필과 교과서 스스로 챙겨오기, 물건을 잃어버리면 화내지 말고 주변에서 찾아보기, 교실 냉난방 온도가 맞지 않아 춥거나 더우면 교사에게 말하기 등이다.

가정에서 양육이 선행되면 잘 해결할 수 있는 일들이다. 스스로 할 수 있는 일은 가정에서 다양한 방법으로 먼저 알려줘야 한다. 그래서 교사는 학기 초 교육과 양육의 경계를 구분하는 교육을 선행해야 한다.

### 교육과 양육을 구분하는 상담

1. 학교에 전적으로 맡기고 가정에선 손을 놓고 있으면 교육이 제대로 이루어지지 않으므로 부모의 역할이 필요하다. 자녀를 키우는 일은 쉽지 않다. 학교와 하나씩 균형을 맞추어가면 자녀 양육에 대한 부담이 줄어들고 같이 성장하

는 유대감을 가질 수 있다.

2. 학부모 상담 시 가정에서 중요시하는 가정교육이 무엇인지 물어본다.

3. 가정교육이 학교의 교과 활동과 어떤 연관성이 있으며 어떤 효과가 있는지 알려준다.

4. 올해 교사의 교육 중점 사항과 가정교육이 어떻게 연관되며 추후 어떻게 긍정적으로 발전할지 설명한다.

5. 학교에서의 교육과 가정에서의 양육이 균형을 이루어야 아이가 바르게 성장할 수 있음을 안내한다.

6. 주간 학습 안내에 한 주간 교과 내용 중 가정에서 병행하면 좋은 내용을 안내하여 교육과 양육이 균형을 맞추도록 한다.

7. 가정에서의 양육과 학교에서의 교육이 같은 방향으로 함께 이루어진다면 이 역시 상담의 연속으로, 효과도 뛰어나다.

### 마음을 여는 상담 예시

1. 통화를 시작하면 마음을 여는 대화가 우선이다. 요즘 아이가 잘하고 있는 점에 대해 얘기하며 마음을 진정시킨다. 그리고 누가 잘못했는지보다는 사실을 명확하게 알려준다. 그 뒤 학교와 가정에서 어떻게 교육해야 하는지 자

세하게 설명한다. 교사가 전적으로 모든 상황을 통제해야 한다는 학부모의 인식을 지우고 부모의 역할도 중요함을 알린다.

2. 통화 예시

① 통화 시작 단계: 통화 괜찮으신가요? 요즘 날씨가 매우 덥네요. 어떻게 지내시나요?

② 통화 본론 단계: 정한이가 학교에서 친구들과 운동하는 걸 아주 좋아해서 운동을 많이 하고 있어요. 참 보기 좋아요. 혹시 집에서도 운동을 많이 하나요? 아, 그래요. 형이랑 많이 하는군요. 운동 기능이 친구들보다 많이 뛰어나요.

③ 문제 상황 알리는 단계: 정한이가 체육 시간에 친구와 피구 하다가 공에 맞아서 싸움이 났어요. 그래서 욕하며 싸웠는데요.

④ 학부모 위로 및 가정교육 조언 단계: 좀 놀라셨죠? 그래도 정한이라면 친구와 화해하고 다시 학교생활을 잘 해나갈 거예요. 오늘 정한이가 집에 돌아오면 다그치시기보단 상황을 먼저 들어보시고 감정부터 공감해주세요.

왜 자식 키우는 것을 '자식 농사'라고 할까요? 진짜 농사처럼 예기치 못한 태풍, 서리 등을 만나 좌초하기도 하면서 감당하기 어려운 일을 겪기 때문이 아닐까요? 하지만 농부의 발걸음 소리에 곡식이 자란다는 말처럼 부모도 자녀를 더 들여다보고 사랑과 정성으로 다가가야 합니다.

담임의 유효기간은 길어야 1년이지만 부모는 그렇지 않습니다. 부모의 영향력이 훨씬 크다는 뜻입니다. 그래서 부모 교육이 절실히 필요합니다. 교사는 전문가로서 아이가 왜 그런 행동을 했는지 의견을 제시하여 신뢰를 줘야 합니다.

단, 냉철한 마음으로 가정에서 해야 할 일을 학부모에게 알려야 할 때는 단호하게 전해야 합니다. 교사가 모든 걸 해결하겠다는 책임감을 너무 심하게 가지다 보면 엉킨 실타래처럼 일이 꼬일 수 있습니다. 교사의 심리적 부담이 가중되기 때문입니다. 친절한 교사를 원하는 세태를 따라 모든 걸 떠안다 보면 번아웃이 오고 학교 교육은 흔들리게 됩니다.

가르침이란 방향을 제시하고 함께 가는 것이지 모든 걸 다 해주는 게 아닙니다. 상담도 교사가 모든 문제의 완벽한 해답을 주는 일이 아닙니다. 아이에게 일어난 문제를 학부모와 함께 고민하면서 아이가 성장하는 동안 교사와 학부모가 든든한 울타리가 되어야 합니다. 아이는 스스로 인생을 살아가는 중입니다. 그러므로 그 누구도 결론을 낼 수 없습니다.

그래서 학부모 상담의 궁극적 방향은 아이 스스로 일어서는 삶의 근육이 자라도록 '기다려주는 부모'로 거듭나게 하는 것입니다. 이 점을 학부모에게 끊임없이 설득하고 제시하는 것이 학부모 상담이며 교사의 인내가 필요한 부분입니다. 상담에는 특별한 비법이 없습니다. 학부모가 아이보다 앞서 나가지 않도록 마음을 정리하게끔 돕는 것이 관건입니다.

부모와 교사의 역할이 구분되어야 상호보완이 가능합니다. 즉, 양육과 교육의 구분이 매우 중요합니다. 그래야 교사와 부모의 역할이 각각 명확해집니다. 교사의 역할이 명확하면 모든 걸 교사 혼자 다 하지 않아도 되니 학교에서의 교육을 완수할 여유가 생깁니다. 학부모도 어디까지 역할을 해야 할지 확실해지면 부모 역할을 분명하게 잘 해낼 수 있습니다. 또 가정교육, 즉 양육에 대한 책임감이 생기고 필요한 때에 적절히 교사의 도움을 받을 수 있습니다.

매듭이 생기면 무조건 잘라내지 말고 가능한 한 풀어야 합니다. 물론 우리 학급에 생긴 매듭을 풀기 위해서 애쓰다 보면 진이 빠지고 부정적인 감정이 하루를 채울 겁니다. 그러나 이렇게 매듭을 억지로 끊어내지 않고 잘 풀어가다 보면 교사의 상담 능력이 향상되고, 담임에 대한 학부모의 신뢰도 단단해집니다. 여러분이 매듭을 풀기 위해 한 일들은 절대 의미 없는 일이 아닙니다.

거듭 강조하지만, 에너지를 전부 다 투입하지는 마세요. 매듭을 푸는 일은 중요하지만 빨리 해결하고자 너무 교사의 모든 에너지를 다 쏟아부으면 번아웃이 옵니다. 그러면 대한민국의 교육이 좌초하겠죠. 내일을 위해 오늘의 나를 아끼세요. 내일을 걱정하기보다 오늘의 걱정을 '내일'에게 맡기세요. 오늘도 나를 아끼는 하루가 되길 바랍니다. 언제나 교사인 나를 아끼는 데 소홀해선 안 됩니다.

교육과 양육의 검을 모두 잡지 말고 경계를 확실히 해야 스스로를 아끼고 지킬 수 있습니다. 부모에게 당당히 양육을 요구하는 교사가 되길 바랍니다.

**Q** 학부모와 편하게 지내는 방법이 없을까요?

"자식 앞에 장사 없다"는 말이 있습니다. 부모에게 있어 자식 농사는 가장 민감한 부분이고, 교사는 이 민감한 부분과 연결된 직업군입니다. 말 한마디도 조심스럽다 보니 상담은 큰 능선을 넘어야 하는 일이기도 합니다. 그래서 상담 전에 미리 지쳐버리기도 합니다.

그런데 신기하게도 학년이 올라갈수록 학부모는 조금 허용적으로 변합니다. 이런저런 일을 겪으면서 내 아이는 절대로 그래선 안 된다는 생각이 '내 아이도 그럴 수 있어'로 변하더라고요. 결국 시간 문제인데, 담임교사는 1년이란 제한된 시간 속에 있으므로 이런 변화를 보기 어렵습니다. 아이의 성장 타임라인은 결국 부모의 몫입니다.

그래도 학부모와의 관계가 좀 편해지려면 아이들을 잘 관찰하고 구체적인 칭찬을 해주는 것이 좋습니다.

예) 미술 시간에 짝꿍이 물감을 빌려달라고 했거든요. 그런데 정한이가 그냥 주지 않고 비슷한 색깔 여러 개를 주면서 골라보

라고 하는 거예요. 친구를 배려하는 모습이 너무 보기 좋았어
요.

'우리 선생님은 우리 아이를 이렇게 자세히 관찰하고 있구나'
하는 인식을 심어주는 것이 관건입니다. 짧은 시간에 좋은 효과
를 낼 수 있고 관계도 좀 편해집니다. 신뢰를 쌓았기 때문이죠.
이런 칭찬을 전하는 건 학기 초에 한두 번 정도면 충분합니다.

❀ ✿ ❀

# 2분 통화, 한 번의 단체 문자

상담 주간에 상담 신청을 받으면 그 숫자를 확인하고 순간 아득해집니다. 자녀 교육에 무관심한 학부모는 거의 없기 때문이지요. 그래서 상담 주간이 오면 거의 퇴근 때마다 기진맥진해집니다.

7교시: 감정 소모 없이 학부모, 학생 상담하는 꿀팁

첫 상담 때는 교사도 첫 만남이기에 조심스럽습니다. 아이의 부모가 어떤 스타일인지 파악해야 하고 아이 이야기도 나눠야 하니 뜻대로 상담이 안 될 때도 있습니다. 조심스럽기는 학부모도 마찬가지입니다. 담임과 내 아이에 대해 이야기를 나눈다는 건 쉬운 일이 아니지요.

결국 상담은 교사에게나 학부모에게나 감정 소모를 불러옵니다. 그래서 조금이라도 상담을 수월하게 할 방법이 없는지 많은 선생님들이 고민하는 것이겠죠.

방법을 달리하면 상담이 조금은 수월해집니다. 우선 3월 둘째 주 정도가 되었을 때 학급의 모든 학부모와 2분간 통화를 해보세요. 학부모들은 담임교사의 전화에 당황해하기도 하지만 이 상담이 실제 상담 주간에 할 상담의 애피타이저라 생각하면 됩니다. 정신없는 학기 초에 굳이 이렇게까지 해야 하나 싶겠지만 이 2분 상담의 효과는 아주 놀랍습니다.

## 학기 초에 하는 2분 통화

### 1. 통화 전 목소리를 가다듬고 부드럽게 입 풀기

교사는 수업하는 목소리에 익숙해 발음이 보통 정확한 편이다. 이게 수화기를 통해서 들으면 다소 논리적으로 들려서 거리감을 줄 수 있다. 그러므로 웃음소리와 적당히 부드러운 말투가 필요하다.

2. 3월 둘째 주가 되면 학부모들과 각 2분간 전화 통화하기(하루에 다 하지 말고 일주일 정도로 나누어서 할 것)

3. 통화 예시

**교사 :** 가온이 어머니시죠? 이번에 3반 담임을 맡은 교사 임연화입니다. 통화가 가능하실까요?

**학부모 :** 네, 선생님. 안녕하세요?

**교사 :** 가온이와 1년 동안 함께하는데, 목소리라도 듣고 인사를 나누고 싶어서 전화드렸어요. 어떤 담임일까 많이 궁금하셨죠?

**학부모 :** 아, 네 고맙습니다. 우리 아이 잘 부탁드립니다.

**교사 :** 학급 전체 학부모님과 통화로 인사하는 시간이라 자세한 상담은 상담 주간에 할게요. 이렇게 목소리라도 듣게 되어 너무 좋습니다. (부드러운 웃음) 내일부터 가온이가 학급에서 잘 생활하도록 교육 활동에 신경 쓸게요. 그럼 다음에 뵐게요.

4. 첫인사는 높은 톤으로 하기, 통화 중엔 중간중간 웃으며 좋은 이미지 전하기, 마무리 인사는 천천히 하여 급히 끊는 느낌 주지 않기

5. 2분 통화 후에 단체 문제를 보내 한 번 더 신뢰 다지기

문자를 보내는 시간은 3분이면 된다. 작은 노력이지만 학부모와의 관계에 좋은 윤활유가 될 것이다.

예) 전화로 목소리만 들었으나 학기 초라 학부모님의 염려하는 마음이 느껴집니다. 한 해 동안 아이들이 더욱 성장할 수 있는, 그리고 부모님들이 안심하고 학교에 보낼 수 있는 학급이 되도록 하겠습니다. 3월, 봄과 함께 산뜻하게 내일을 시작합니다. 응원해주시는 마음에 사랑으로 보답하겠습니다. 감사합니다.

6. 끝내 통화 연결이 안 된 학부모에게는 문자 메시지 보내기

예) 라온이 어머님, 안녕하세요. 직접 뵙지는 못하지만 목소리라도 듣고 학기를 시작하려고 전화를 드렸는데 통화가 안 되어 문자 드립니다. 이번에 라온이의 담임교사가 된 임연화입니다. 앞으로 1년 동안 라온이가 학급에서 잘 생활하도록 교육 활동에 힘쓰겠습니다. 그럼, 상담 주간에 뵐게요.

2분 통화, 단체 문자 1건, 통화 못 한 학부모에겐 개별 문자. 대단한 정성을 쏟는 일은 아니지만 학부모의 마음에 살며시 노크를 하여 향후 상담을 효과적으로 이어가는 데 도움이 됩니다.

지금 바로 학부모에게 전화를 걸어볼까요? 발랄하고 즐거운 목소리 준비되셨나요?

**Q** 학부모와 통화할 때 주로 어떤 대화를 나누면 좋을까요?

자신만의 전화 문구를 정해두면 좋습니다. 저의 경우엔 아래 3가지를 기준으로 대화를 나눕니다.

1. 아이의 장점 칭찬하기
2. 부모는 아이가 어떻게 성장하길 원하는지 물어보기
3. 부모와의 관계가 어떤지 알아볼 수 있는 일상 이야기 들어보기

이 정도로만 대화해도, 내용은 충분합니다. 너무 많은 이야기보다는 간단한 질문으로 대화가 명쾌해지는 느낌을 주어야 합니다. 많은 대화를 하다 보면 원치 않는 말이 나오고 감정이 상할 가능성이 있습니다.

## 학기 초
## 대면 상담 준비
## 3단계

1년을 큰 사고 없이 잘 지내고 싶은 마음은 교사라면 누구나 간절합니다. 그러나 아이들은 성장 중이고, 당연하듯 갖가지 일들이 날마다 일어납니다. 학부모들도 각자 다른 가치관으로 가정을 꾸려가고 있지요. 때문에 상담을 실제로 하다 보면 다양한 요구를 마주하게 됩니다.

학기 초 학부모 상담을 3단계로 나누어 대면 상담의 실제 상황을 정리해보겠습니다.

## 1단계: 상담 전 준비

상담 전 가정환경 조사서와 학기 초 학급 아이들의 특성을 관찰한 내용을 바탕으로 '잘하는 점'을 정리해둔다. 교사는 교육 전문가이지만 학부모를 만나면 상황에 따라 하고 싶었던 이야기를 못하는 경우도 있기 때문이다. 학기 초 상담은 문제를 해결하는 차원이 아니라 학부모와 원활한 관계를 맺는 데 중점을 두고 준비한다.

## 2단계: 학부모 대면

1. 학생용 책상과 의자 두 세트를 마주 보게끔 배치하기

학부모만 학생용 의자에 앉으라고 하면 권위적인 느낌을 받아 마음을 열지 않는 학부모들이 있다. 교사도 같이 학생용 의자에 마주 보고 앉는다.

2. 간단하게 올 한 해 학급 경영 방향을 2분 정도 소개하기

3. 학부모에게 아이의 지난 학년과 가정에서의 생활이 어떠한지 이야기 듣기

학부모의 말은 끊지 않고 끝까지 듣는다. 이때 학부모의 어조나 어감을 주의 깊게 듣는다. 상담 중이기 때문에 학부모

는 말과 행동을 조심스럽게 하겠지만, 그래도 잘 들어보면 해당 아이가 가정에서 부모의 말을 들을 때 어떤 느낌을 받을지 가늠할 수 있다. 보통 아이들은 부정적인 부모의 말을 듣게 되면 그 생각이 고착되어 교사로부터 지적받을 때도 과한 반응을 보인다. 그래서 아이가 가정에서 부모에게 칭찬을 받거나 혼날 때 어떤 감정일지를 파악하면 생활지도에 도움이 된다.

## 4. 말을 많이 하거나 다소 성격이 급해 보이는 학부모와 상담할 때는 분위기를 여유 있게 유도하기

성격이 급하거나 말이 많은 학부모는 대화 속도가 빨라서 자칫 대화가 잘못 흘러가 감정을 건드리는 일이 발생할 수 있다. 따라서 학부모의 말이 끝나면 바로 말을 하지 않고 문장 사이에 쉼표를 찍듯 고개를 끄덕이는 정도의 틈을 두고 말을 이어간다. 미소로 시간을 채우며 학부모의 마음에 여유를 주도록 하자.

## 5. 아이에 대해서 본격적으로 이야기할 때 칭찬을 2~3가지 정도 하기

아이가 고쳐야 할 점을 말하고 싶어도 꾹 참도록 한다. 자녀가 걱정되어 학교를 방문했고 더구나 학기 초인데 지난 학년에 담임교사에게 들었던 지적을 또 듣게 되면 학부모는 불안해지고 결국 상담 효과는 제로가 되기 때문이다. 좋은 관계를 맺기 위해 학부모를 만난다는 생각을 잊지 말아야 한다. 담임교사의 이미지를 쌓는 첫 대면 상담이므로 긍정적인 이야기만 나누는 편이 좋다.

6. 학부모가 담임교사에게 바라는 대로 1년간 신경 쓰겠다고 말하고 상담 마무리하기

상담 시간은 통상 30분, 조금 더 시간이 필요한 학부모는 맨 마지막 시간으로 조정하는 것이 좋다. 약속된 상담 시간을 10분 이상 초과하면 살짝 일어나는 행동을 취해 자연스럽게 상담을 종료한다.

## 3단계: 상담 후 정리

1. 학부모를 친절히 앞문까지 배웅하기

상담을 통해 교사와 학부모가 친밀해지는 것이 목표이므로 마지막까지 친절한 모습을 보인다. 학부모가 돌아가 자녀에게 담임선생님에 대해 좋게 말해주어야 자녀도 학교에 와서 선생님을 잘 따른다. 반드시 학부모에게 좋은 이미지를 심어주도록 노력하자.

2. 상담 종료 후 3줄 정도 간단하게 문자 보내기(시간이 없다면 다음 날 아침에라도 보낼 것)

예) 오늘 상담을 마치고 나서 가온이를 더 이해하게 되었습니다. 말씀해주신 부분을 잘 참고하여 올 한 해 가온이가 행복하고 성장

하도록 마음을 다하겠습니다. 가온이 어머니의 응원이 제가 아이를 교육하는 데 많은 힘이 될 것입니다.

학기 초 상담의 중점은 학부모와 교사의 신뢰 형성 및 원만한 관계 맺음입니다. 문제를 해결하려는 마음으로 임하지 않도록 합니다. 최대한 새 학기 담임으로서 관찰한 아이의 장점을 알리고 아이가 고쳐야 할 점은 학기를 운영하며 천천히 말하는 게 좋습니다. 우선 신뢰가 쌓여야 고쳐야 할 점을 말했을 때 학부모도 거부감 없이 받아들이기 때문입니다.

학부모와의 관계를 잘 유지하는 게 1년 상담의 관건입니다. 그렇다면 첫 상담은 관계 형성에 초점을 맞추어야겠지요. 1년의 항해를 시작하기 위해 닻을 올리는 단계라는 걸 잊지 마세요. 학부모에게 긍정적인 이미지만 주면 됩니다. 긍정의 첫 단추를 잘 끼운다면 학년 말까지 학부모 상담이 원만히 잘 흘러갈 것입니다.

**Q** 상담 주간에 주 5일 내내 상담해야 할까요?

일주일 내내 상담하면 지쳐서 상담 효과가 떨어질 수 있습니다. 상담을 골고루 분포해보세요. 예를 들어, 화요일과 금요일에 상담이 잡혔다면 나머지 수요일과 목요일은 하지 않습니다. 그때 상담으로 예민해졌던 몸과 마음을 회복합니다.

이틀을 빼기 어려우면 중간인 수요일에 상담을 쉬는 것도 추천합니다. 중간에 하루 쉬어가야 교사와 학부모가 만족하는 상담을 할 수 있습니다.

성장을 독려하는
생활지도와
마법의 칭찬 포스트잇

아이마다 개성이 있으니 개별 상담이 필요하고
사례별로 생활지도도 달리 해야겠지요. 그러나
다수의 아이들을 지도하는 담임교사는 최소한
의 에너지로 최대의 효과를 낼 수 있는 학급 운
영 방식을 찾아야 합니다.

영역을 나누어 상담하는 지도 방법과 친구와 함께 변화를 이끌어내는 칭찬 포스트잇을 활용해보세요.

## 영영을 나누어 상담하는 지도 방법

1. 지도 영역 나누기

언어생활 / 학습 태도 / 부모 양육 태도 / 학교 규칙 / 수업 태도 / 급식 태도 / 교우관계 등

담임의 필요에 따라 영역을 정한 다음 B4 용지에 영역을 구분하여 나눈다. 학급 아이들의 성격은 다양하나 지도해야 하는 영역은 그리 많지 않다.

2. 학급 명부, 학부모 상담 자료, 가정환경 조사서 준비하기

3. 상담 자료와 가정환경 조사서를 근거로 학급 명부 옆에 잘하고 있는 것과 노력이 필요한 것을 구분하여 간단히 기록하기

이렇게 상담 자료를 간단히 정리하면 머릿속에 대충 해당 아이에 대한 윤곽이 잡힌다. 이를 바탕으로 생활지도에 적용한다. 예를 들어, 욕을 심하게 하는 아이가 있다면 교육과정을 보고 몇 월쯤 국어 교과에서 바른말 쓰기에 대한 내용이 있으니 그때 지도하겠다고 달력에 기록한다. 급식 태도와 관련해 문제가 있는 아이들이 많다면 같은 학년 교사들과 메신저로 언제 동시에 지도할지 의논해 계획을 세운다. 이렇게 하면 교사의 심리가 다소 안정된다. 또한 같은 학년과 협조

하여 지도하므로 좀 더 빨리 그 효과를 볼 수 있다. 아이들은 우리 반만 생활지도를 받으면 반발하지만 모든 반이 같이 받으면 원성이 나오지 않는다.

## 친구와 함께 성장하는 칭찬 포스트잇

1. 칠판 밑에 포스트잇을 두고 2주 동안 학급 친구 2명씩을 각자 정해서 관찰한 후, 친구가 잘하는 점을 포스트잇에 기록하여 그 친구의 책상에 붙여주기

자신이 잘하는 점을 알고 나면 더 잘하고 싶은 심리가 생긴다. 친구가 써준 칭찬 포스트잇을 보고 아이들은 더욱 행동을 조심하게 된다.

2. 2주가 지난 후 자신이 받은 포스트잇을 보고 느낀 점을 친구가 써준 포스트잇 빈 공간에 쓰기

친구로부터 선택받지 못하면 칭찬 포스트잇을 한 장도 받지 못하는 아이가 생길 수 있기 때문에, 학부모 상담 자료와 교사가 관찰한 것을 토대로 잘하는 점을 워드로 작성한 후 모두에게 각각 나누어준다.

3. 칭찬 포스트잇을 코팅하여 책상 귀퉁이에 붙이기

4. 도덕 시간에 칭찬 포스트잇을 바탕으로 자신의 고민을 이야기하는 시간 가지기

책상과 의자를 한쪽으로 밀고 교실 바닥에 매트를 깐 뒤 모

둠별로 둥글게 앉아 대화를 시작한다. 모둠별로 앉아 이야기하면 발표에 대한 부담감이 줄어든다. 이때 말을 하지 않는 친구는 강요하지 않는다. 교사는 모둠에서 각자 어떻게 역할을 하는지 관찰한다. 자신의 고민을 다른 친구에게 털어놓으면 심리적 무게가 줄어들어 아이들의 심리 안정에도 좋다. 활동 모습을 찍은 다음 '우리 반 아이들은 고민을 친구와 함께 나누어요'라는 짧은 영상으로 만들어 학부모에게 전송한다.

5. 책상과 의자를 원위치한 다음, 일어서서 책상에 붙어 있는 칭찬 포스트잇을 둘러보고 어떤 친구에게 도움을 받거나 고민을 상담하고 싶은지 알아보기

마음속으로 도움받고 싶거나 자신의 고민을 말하고 싶은 친구를 정하게 한다. 이때 자신의 고민을 상담할 친구가 정해지지 않았다면 강요하지 않는다.

6. 일주일 후 자신의 고민을 이야기하고 싶은 친구와 자신의 장점을 활용하여 도움을 주고 싶은 친구끼리 만나는 시간 가지기

짝이 정해진 사람은 운동장 구석이나 대화하기 좋은 곳에 자리를 잡게 도와준다. 단, 교사가 보이는 범위 내에서 찾아야 한다. 짝이 정해지지 않은 아이들은 교사와 함께 앉는다. 교사와 함께하는 그룹은 잘하는 점과 걱정되는 점을 서로

이야기하면서 어떤 도움을 받고 싶은지 이야기를 나눈다. 그러다 보면 도움을 줄 수 있는 친구와 받고 싶은 친구끼리 짝이 정해지기도 한다. 단지 칭찬받는 걸로 끝나지 않고 친구에게 도움도 주게 되면 자존감이 올라간다. 도움을 받는 아이도 자신이 잘하는 점을 활용하여 남을 도우려는 마음이 생긴다. 아이들에게 또래 상담은 어려울 수 있지만 학급에서 중요한 역할이 주어질 때 아이들은 자신을 더 소중히 여기고 더 나은 모습을 보이려고 노력하기 때문에 저마다 역할과 이름이 붙여지면 아이들은 너끈히 그 이름값을 해낼 것이다.

지도가 필요한 아이가 보이면 개별 상담을 지속합니다. 방과후보다는 점심시간에 밥을 먹고 산책하면서 자연스럽게 이야기하는 게 좋습니다. 방과후에 남는다는 건 이미 지적받은 거나 마찬가지이기에 아이는 전투 태세를 취하게 되니까요.

학부모 상담을 하고 한 달이 지나 변화를 보이는 아이의 학부모에게는 간단하게 변화된 모습을 알려줍니다. 문자로 보내면 상담 결과도 남고 교사를 보호하는 울타리가 되기도 합니다. 문제가 발생한 후 전화하기보다는 조금이라도 변화된 모습이 있을 때 자주 연락하는 방법이 더 효과적입니다.

고쳐야 할 점에 초점을 두면 변화하는 데 오랜 시간이 필요하지만 잘하는 점에 중점을 두면 고쳐야 할 점이 저절로 줄어들고 올바른 행동이 더 강화될 수 있습니다. 1학기 동안 한 가지라도 변화가 있다면 2학기 학부모 상담은 훨씬 쉽고 효과적입니다. 여기서 변화란 완전히 달라진다기보다 고치려고 노력하는 모습이 보인다거나 잘하는 점을 더 잘해서 훨씬 발전된 모습을 보인다는 것을 의미합니다.

교육은 성장을 목표로 합니다. 잘하는 점을 친구가 발견해주고 자신의 장점을 강화하는 활동을 통해 아이들 스스로 성장하는 모습을 지켜봐주는 것 또한 교육의 일환입니다. 성장은 혼자가 아니라 같이 하는 게 더욱 중요합니다. 나를 인정해주는 친구의 시선은 아이에게 자양분이 될 것입니다.

**Q** 교사도 때론 상담이 필요할까요?

학부모 및 학생 상담도 중요하나 교사 스스로 상담 기관을 통해 상담을 받아보았으면 합니다. 상담을 받으면서 자신의 심리가 어떠한지, 교사로 일하며 어떻게 변화되었는지 살펴보세요. 상담자가 아닌 내담자의 입장이 되어보면 상담자를 더 잘 이해할 수 있습니다.

　심각한 심리적 문제가 있어서 상담을 받는 게 아니라 살다 보면 누구나 마음을 청소하는 시간이 필요합니다. 마음이 정리되어야 다른 생각이 들어올 틈이 생기는 법입니다.

　제가 상담을 받아보니까 나에 대해 뭘 안다고 이렇게 말하는지 하는 억울한 생각도 들고 상담을 그만두고 싶은 마음도 생기더군요. 내면 깊숙이 묻혀 있던 감정이 드러나 당황스럽기도 했습니다. 그러나 지금까지 알고 있던 나를 걷어내고 헝클어진 감정들을 잘 정리하자 내면이 단단해지는 걸 느낄 수 있었습니다.

　상담을 꼭 받아보세요. 내면도 다지고 상담 과정에서 일어나는 변화를 경험하며 자신만의 상담 노하우가 생길 것입니다.

상담은
마음 훈련을
하는 것

보통 상담을 진행하고 문제 행동을 수정하여 학
교생활에 적응하도록 지도하는 것이 교사이므
로 교사의 주도로 상담이 이루어진다고 생각하
기 쉽습니다. 그러나 상담의 주체는 학생입니다.

지금 상담할지 아니면 다음에 상담할지, 또는 상담을 할지 말지를 결정하는 건 학생입니다. 그래서 조금 더디게 진행되더라도 학생이 결정할 때까지 기다려야 합니다. 상담을 조율하는 과정에서 학생 스스로 내가 결정해서 상담하고 있다는 인식을 갖게 하는 게 중요합니다. 그래야 충실하게 상담에 참여합니다.

　　물론 상담 계획과 일정은 미리 어느 정도 잡아놓아야 합니다. 그래야 학생도 마음의 준비를 할 수 있고, 자신이 하고 싶은 시간에 무턱대고 하는 게 아니라 담임교사의 시간도 맞추어야 한다는 기본 예의를 배울 수 있습니다. 또 상담의 소중함도 알게 되지요. 자신이 상담하고 싶은 시간에 아무 때나 가능하면 상담의 소중함을 알지 못합니다. 상담이 가능한 요일과 시간을 공지해두고 필요한 학생은 신청하게 합니다. 수줍음이 많은 아이들은 교사에게 다가와 상담이 가능한지 물어보는 것조차 힘들어하기 때문입니다.

　　상담 장소는 학교를 돌아보고 상담이 가능한 공간을 교사가 미리 찾아둡니다. 학교 계단, 화단 근처 오솔길, 운동장 놀이터 등 다양한 장소를 이용하면 상담의 효과를 높일 수 있지요. 교실은 제한적이고 딱딱한 느낌이 들지만 교실 외 공간에서 상담하면 마음이 푸근해지고 학생도 교사에게 쉽게 다가올 수 있습니다.

## 상담할 때 교사의 질문 요령

1. 친구와 다툼이 생겼을 때 왜 그런 행동을 했을까보다는 지금 감정이 어떤지 물어보기

행동에 초점을 맞추면 혼내려는 줄 알고 변명하거나 분노 또는 울음으로 대신하는 경우가 많다.

2. 문제가 생겼을 때는 선생님이 도와줄 일이 있는지 물어보기

아이들은 당연히 없다고 할 것이다. 이럴 때 계속 물어보면 결국 교사를 피하게 된다. 다그치는 대신 다음에 도움이 필요하면 언제든 도움을 요청해도 좋다고 말하자. 교사에게 도움을 청할 기회가 있다고 생각하면 아이는 심리적인 안정감을 느끼고 다음 상담 때 마음을 쉽게 열 수 있다.

3. 한 번의 상담으로 결과를 도출하려고 애쓰지 않기

한 번에 완전히 문제를 해결할 순 없다. 상담 기회가 언제든지 있다는 믿음을 주는 것만으로도 상담은 일단 성공이다.

## 상담 후의 추가 활동

1. 상담 후 생각나는 따스한 말들을 편지로 전하기

상담이 끝나면 학생에게 진심으로 해주고 싶은 따뜻한 말들이 떠오른다. 그런데 그걸 말로 하면 순간에 지나지 않아 아이들 맘에 오래 남지 않는다. 이럴 땐 자그마한 편지지에 진심을 담아 손 편지를 써보자. 다음 날 하교할 때 조용히 아이

에게 다가가 집에서 혼자 보라면서 편지를 전한다. 아이들은 편지를 보며 담임교사에 대한 신뢰를 쌓고 볼 때마다 담임교사와 심리적으로 가까워진다.

## 2. 학부모에게 알릴 상담 내용을 학생과 함께 정하기

학생 스스로 극복할 문제이고 시간을 주면 알아서 해결책을 찾아가리라 예상된다면, 부모님께 알릴지 말지 학생에게 먼저 물어본다. 부모님껜 비밀로 해달라고 하면 기록으로만 남기고 좀 더 시간을 준다. 교사를 믿고 상담했는데 상담 내용이 모두 부모에게 전달되면 상담에 대한 신뢰가 떨어져서 아이들은 마음을 닫게 된다. 만일 상담을 여러 번 했는데 달라지지 않으면 부모님에게 도움을 요청해도 되냐고 아이에게 물어본다. 부모의 도움이 필요한 부분을 요청하면 교사는 학부모 상담을 통해 중재자 역할을 한다.

## 3. 상담 도중 학생의 감정이 격해져 그냥 하교해버리면 편지를 통해 다독이기

교사도 학생이 상담을 포기하고 예의에 어긋난 행동을 보이며 하교하면 불편한 기분이 든다. 그렇지만 상담은 계속 진행되어야 한다. 학생이 일방적으로 상담을 마무리한 경우엔 다음 날에도 상담할 상황이 아닐 때가 많기 때문에 손 편지로 다음 상담이 이어질 수 있게 한다. 교사도 감정을 가라앉히고 편지를 쓰고, 학생 또한 교사가 보지 않는 곳에서 편지를 읽게 되므로 서로 감정에 휘둘리는 일이 없다.

> "있잖아, 마음속에 감당하기 어려운 감정이 생기면 연습
> 한 대로 따라가면 돼."
> "얘들아, 친구들끼리 마음을 서로 다쳐서 힘들면 내 감정
> 을 보여주고 친구의 감정도 자세히 살펴봐. 그러면 서로
> 를 이해하게 될 거야."

상담은 이런 말을 해주는 시간입니다. 문제를 해결하려는 목
적보다는 관계를 개선하고 마음을 정확하게 표현하는 연습을
통해 일종의 마음 훈련을 하는 것이지요.

**Q** 말을 잘하지 않는 아이, 어떻게 하면 마음을 열 수 있을까요?

1. 아이의 이름 쓰기
2. 다양한 메모지 준비하기
3. 메모지마다 좋아하는 것, 하고 싶은 것, 싫어하는 공부 등을 쓰게 하기
4. 메모지를 하나씩 들고 교사가 아이에게 질문하기

이렇게 하면 무슨 말을 해야 할지 모르는 아이도 입을 쉽게 열 수 있습니다.

## 후회 없는 교직 생활을 위해
## 지금부터 변화를 시도해봐요.

아이들의 변화 가능성을 믿지만, 변화가 있기까지 기다릴 생각을 하면 교사도 부담스러울 수밖에 없습니다. 아이마다 변화하는 시기도 달라서 더욱 고민이 되지요. 개성 강한 아이들과 같은 공간에서 많은 시간을 함께하려면 결국 생활지도를 통해 학급 규칙부터 익히게 하는 것이 우선입니다. 그렇게 학급 분위기가 정착되면 슬슬 공부에 비중을 두어도 아이들이 안정적으로 생활하는 데 익숙해져 심도 있는 수업을 곧잘 따라옵니다.

이 책에 나오는 내용들은 이처럼 변화하는 아이들, 학급, 그리고 선생님을 위한 것들입니다.

누구나 지나온 시간은 후회가 남습니다. 저도 그런 제자가 있습니다. '그 아이한테 그렇게 하지 말았어야 했는데……' 하는 후회가 지금도 마음에 사무칩니다.

해마다 그 제자가 생각나면서 저는 더 이상 후회하는 교사가 되지 않으려고 다짐했습니다. 그 다짐을 이루기 위해 아이들도 교사에게도 쉬운 생활지도 방법을 연구해왔습니다. 그 노하우를 학급 운영에 적용하면서 교직 생활이 즐거워지기 시작했습니다. 최대의 효과를 내는 제 37년의 솔루션이 초임 선생님, 그리고 몸도 마음도 지칠 대로 지친 후배 교사들에게 도움이 되길 기도합니다.

이제 학급 운영을 어떤 방향으로 잡아야 할지 가닥이 보이나요? '과연 될까?' 이런 마음보다 하나씩 실천하다 보면 달라지는 아이들을 보면서 내일이 두렵지 않은 자신을 발견할 겁니다.

첫 발령 때 가졌던 여러분의 꿈은 이미 지나간 일이 아니라 이제 시작입니다. 이 책을 만난 지금 여러분에게 쉼표가 생겼습니다. 달리던 시간을 멈추고 주어진 시간을 내 것으로 만들어보세요.


늦지 않았습니다. 지금 이 순간부터 『초등교사를 위한 고민 상담소』가 후배 교사들과 함께하겠습니다.

초등교사를 위한
# 고민 상담소

베테랑 선배 교사가 알려주는
초등 학급 운영의 모든 것

초판 1쇄 인쇄 2024년 8월 15일
초판 1쇄 발행 2024년 8월 15일

지은이 | 임연화
발행인 | 이선애

편　집 | 박지선
교　정 | 김동욱
디자인 | 채민지
인　쇄 | 한영문화사


발행처 | 도서출판 레드우드
출판신고 | 2014년 07월 10일(제25100-2019-000033호)
주소 | 서울시 구로구 항동로 72, 하버라인 402동 901호
전화 | 070-8804-1030　　팩스 | 0504-493-4078
이메일 | redwoods88@naver.com
인스타그램 | redwood_999


ISBN 979-11-87705-39-0 (03370)
값 18,000원